UNI-WISSEN

Aufbaukurs Übersetzen Deutsch – Englisch

Richard Humphrey

Klett Lernen und Wissen

> »In keinem anderen Land der Welt ist das Interesse an fremden Kulturen und Literaturen wohl so groß wie in Deutschland, was Stärke und Schwäche zugleich bedeutet. Bei uns wird ungeheuer viel übersetzt.«
>
> KURT TUCHOLSKY, 1927

> »Deutschland war immer ein großes Übersetzerland, hat eine wichtige Funktion in Europa gehabt ... Ich glaube, unsere abendländische Kultur ohne Übersetzer wäre keine geworden.«
>
> HEINRICH BÖLL, 1985

Bibliographische Information der Deutschen Bibliothek
Die Deutsche Bibliothek verzeichnet diese Publikation in der Deutschen Nationalbibliographie; detaillierte bibliographische Daten sind im Internet über http://dnb.ddb.de abrufbar.

Auflage 8. 7. 6. 5. | 2010 2009 2008 2007
Die letzten Zahlen bezeichnen jeweils die Auflage und das Jahr des Druckes.
Dieses Werk folgt der reformierten Rechtschreibung und Zeichensetzung. Ausnahmen bilden Texte, bei denen künstlerische, philologische oder lizenzrechtliche oder andere Gründe einer Änderung entgegenstehen.
Das Werk und seine Teile sind urheberrechtlich geschützt. Jede Nutzung in anderen als den gesetzlich zugelassenen Fällen bedarf der vorherigen schriftlichen Einwilligung des Verlages. Hinweis zu §52a UrhG: Weder das Werk noch seine Teile dürfen ohne eine solche Einwilligung eingescannt und in ein Netzwerk eingestellt werden. Dies gilt auch für Intranets von Schulen und sonstigen Bildungseinrichtungen.
Fotomechanische Wiedergabe nur mit Genehmigung des Verlages.

© Klett Lernen und Wissen GmbH, Stuttgart 2007
© für alle Vorauflagen bei Ernst Klett Verlag GmbH, Stuttgart 2000
Alle Rechte vorbehalten.
Internetadresse: www.klett.de
Bildnachweis: Helmut Minowski, Vermutungen über den Turm zu Balbel
Druck: Gutmann + Co., Talheim. Printed in Germany.
ISBN: 978-3-12-939585-1

Inhalt

Unit 1	Teaching		7
	1 The adjective and its meaning load	2 Text: **Wolfram Siebeck**	3 Vocabulary work

Unit 2	Reading		11
	1 Secondary subordinate clauses	2 Text: **Urs Widmer**	3 Vocabulary work

Unit 3	Literary Criticism		15
	1 The double-barrelled adjective	2 Text: **Peter Szondi**	3 Vocabulary work

Unit 4	Language		19
	1 German subjunctives	2 Text: **Heinz Ohff**	3 Vocabulary work

Translation Theory I: Babel – the Translator-less Tower   23

Revision I	1 Revision sentences	2 Text: **Hannelore Schlaffer**	25

Unit 5	International Relations		27
	1 Clauses with no noun subject I	2 Text: **Gerhard Baum**	3 Vocabulary work

Unit 6	The New Europe		31
	1 Impersonal constructions with 'es' I	2 Text: **Günter Grass**	3 Vocabulary work

Unit 7	The New Ecology		35
	1 Adverb to verb	2 Text: **Elke Heidenreich**	3 Vocabulary work

Unit 8	The New Technology		39
	1 The adverbial noun	2 Text: **Oskar Lafontaine**	3 Vocabulary work

Translation Theory II: Translation Studies – a History   43

Revision II	1 Revision sentences	2 Text: **Helmut Swoboda**	45

Unit 9	Separatism		47
	1 The '-ing' form	2 Text: **Reiner Luyken**	3 Vocabulary work

Unit 10	Feminism		51
	1 Advanced subordinate clauses I	2 Text: **Gertrud Lehnert**	3 Vocabulary work

Unit 11	Religion/Fundamentalism		55
	1 Clauses with no noun subject II	2 Text: **Stephan Pfürtner**	3 Vocabulary work

| Unit 12 | Postmodernism | | 59 |
| | 1 Demanding prepositions | 2 Text: Peter Kemper | 3 Vocabulary work |

Translation Theory III: Issues of Equivalence 63

| Revision III | 1 Revision sentences | 2 Text: Holger Schmidt | 65 |

| Unit 13 | The Monarchy | | 67 |
| | 1 Re-ordering the sentence | 2 Text: Dominic Johnson | 3 Vocabulary work |

| Unit 14 | Democracy and Elections | | 71 |
| | 1 Object or not? | 2 Text: Thilo Bode | 3 Vocabulary work |

| Unit 15 | The Press | | 77 |
| | 1 Impersonal constructions with 'es' II | 2 Text: Wilfried Kratz | 3 Vocabulary work |

| Unit 16 | The British Past | | 81 |
| | 1 Link words | 2 Text: Hans-Christoph Schröder | 3 Vocabulary work |

Translation Theory IV: Alienation or Domestication? 87

| Revision IV | 1 Revision sentences | 2 Text: Jürgen Krönig | 89 |

| Unit 17 | The Arts | | 91 |
| | 1 Translating idioms | 2 Text: Elke v. Radziewsky | 3 Vocabulary work |

| Unit 18 | The New Media | | 95 |
| | 1 Advanced subordinate clauses II | 2 Text: Marianne Gronemeyer | 3 Vocabulary work |

| Unit 19 | Narrative | | 99 |
| | 1 The absolute/ablative phrase | 2 Text: Anna Seghers | 3 Vocabulary work |

| Unit 20 | Poetry | | 103 |
| | 1 The translation of rhyme | 2 Text: Erich Kästner u. a. | 3 Vocabulary work |

Translation Theory V: Units of Translation 107

| Revision V | 1 Revision sentences | 2 Text: Irene Nießen | 109 |

Answers and Appendices	Answers 111
	Appendices 165
	Literatur 168
	Quellen 170

Vorwort

Übersetzen als Lebensstil	Im Hauptstudium wird das Übersetzen zur Unentbehrlichkeit, weil das Hin und Her, das Über-setzen längst zum Lebensstil wurde. Ist der Mensch, anthropologisch betrachtet, 'das Tier, das ins Größere umzieht' und dem 'von früh an eine eigentümliche übersetzende und übertragende Kraft' zukommt (Sloterdijk), so sind Anglisten – und Neuphilologen generell – Menschen *par excellence*. Anglist oder Anglistin sein heißt: die Zwei- oder Mehrsprachigkeit als bereichernde Daseinsform erkannt und gewählt haben, heißt: im und vom Transfer leben. Vorrangiges Ziel ist zwar nicht, zu übersetzen, sondern zu kommunizieren. 'Wo Verständigung ist, da wird nicht übersetzt, sondern gesprochen' (Gadamer). Gerade an den Aporien der Verständigung erkennt man indes die Unvermeidbarkeit des Übersetzens bzw. das nicht oder schwer Übersetzbare als das an jeder Sprache Unschätzbare (Rückert). Man weiß nunmehr, dass man mit *einer* Sprache nicht mehr auszukommen vermag, ja nicht mehr auskommen möchte. Aber man will und muss möglichst viel jeweils hin- und herüberretten. Das In- und Zwischen-den-Sprachen-Leben wird zum Faszinosum. Die Sprache ist der Engel, mit dem man ringt, bis dass er einen segnet.
Konzept	Der vorliegende Band ist für all diejenigen Studierenden der Anglistik und der benachbarten Fächer geeignet, die gerne mit der englischen Sprache ringen. Er vermittelt die Kenntnisse und Fertigkeiten, die im Hauptstudium unumgänglich sind und führt gezielt zum Staatsexamen bzw. zum Magister oder Diplom und darüber hinaus ins Berufsleben.
Aufbaukurs und Grundkurs	Der Band versteht sich – inhaltlich und didaktisch – als Fortsetzung des im *Grundkurs Übersetzen* angefangenen Projekts. Die dort vermittelten Kenntnisse werden hier vorausgesetzt, auf sie wird bei Bedarf hingewiesen. Die beiden Bände verhalten sich zueinander wie Grund- und Hauptstudium, wie *base camp* und Gipfelpartie.
Einheiten	Jede der 20 Einheiten des Bandes behandelt eingehend eine translationspraktisch wichtige Struktur oder Fertigkeit, übt sie anhand eines speziell ausgewählten Textes und erschließt strukturiert einen neuen Wortschatzbereich. Die Einheiten, die alle in sich geschlossen sind, dürfen in beliebiger Reihenfolge behandelt werden. Die vorgegebene Sequenz hat allerdings die Vorteile der Progression.
Interessen-spektrum	Die Texte fangen bei den Kerninteressen der Anglistik an, bewegen sich dann bewusst zentrifugal in die verschiedenen Teilbereiche und Interessengebiete eines immer facettenreicher agierenden Fachs hinein, um am Schluss zu dessen ureigenen Interessen zurückzukehren. Der Band vollführt somit kaleidoskopisch eine *tour d'horizon* der

5

geistes- und kulturwissenschaftlichen, der literatur-, staats-, politik-, wirtschafts- und sozialgeschichtlichen Inhalte eines breit aufgefassten Studiums.

Strukturen

Im Babelturm einer jeden Übersetzung sind die grammatikalischen Strukturen der Mörtel. Wer eine Vokabel vergisst oder nicht kennt, kann oft nachschlagen. Wer eine Struktur nicht beherrscht, ist lebenslang im Argen. Mit Recht steht folglich die zu beherrschende Struktur als Eingangsportal der jeweiligen Einheit. Während im *Grundkurs* eher auf die Mikrostrukturen der Sprache eingegangen wurde, stehen hier auch die Makrostrukturen im Mittelpunkt.

Übungstexte

Ist die Struktur einmal gemeistert, so wird zum Text weitergeschritten. Der Text ist der Prüfstein, an dem der Übersetzer sich zu messen hat. „Was wir lernen, sind Sprachen, was wir übersetzen, sind aber Texte" (Diller/Cornelius). Sämtliche im Band abgedruckten Texte sind authentisch und vollständig bzw. in sich geschlossen und bilden – was translationswissenschaftlich nicht ohne Belang ist – je eigene Sinneinheiten. Sie sind nach strukturellen, lexikalischen und nicht zuletzt inhaltlichen Gesichtspunkten ausgewählt worden. Sie enthalten die jeweils vorher geübte Struktur, führen in den neuen Wortschatzbereich ein und sind auch an sich lesenswert. Nebenbei sei bemerkt: Der nicht lesenswerte Text ist ohnehin nicht übersetzungswürdig.

Wortschatz-übungen

Dass die Wortschatzübungen am Ende jeder Einheit stehen, soll keineswegs so gedeutet werden, als sei die gezielte Wortschatzarbeit sekundär. Beim Übersetzen verhalten sich Grammatik und Wortschatz zueinander wie Mörtel und Backstein. Bei aller Nachschlagbarkeit von Vokabeln gilt dennoch häufig: Die Grenzen meines aktivierbaren Wortschatzes sind die Grenzen meiner translatorischen Kompetenz.

Über-setzungs-theorie

Im Hauptstudium ist schließlich auch ein Interesse für translationswissenschaftliche Bezüge erforderlich. Es gilt nicht mehr, unreflektiert so zu tun, als sei das Übersetzen eine homogene Tätigkeit, die sich diesseits von jeglicher Philosophie und Theorie vollzieht. Bereits im *Grundkurs* wurde am Rande auf die – oft konträren – Positionen der Übersetzungstheoretiker aufmerksam gemacht. Im *Aufbaukurs* wird darüber hinaus auch knapp in die Geschichte und Kontroversen, die Problemstellungen und Lösungsvorschläge der Disziplin eingeführt. Aus Platzgründen erfolgt dies nur summarisch, besonders hier weist die Bibliographie auf Weiterführendes.

Schluss-bemerkung

Der Band hätte jedoch seine Intention verfehlt, wenn er nicht auch Freude an den Mühen des Übersetzens vermitteln würde. Fremdsprachenerwerb ist mühsam-bereichernd, bereichernd, weil mühsam. Mit Sprache(n) soll gerungen werden. Erst nach dem Ringen stellen sich die – lebensbegleitenden, -beflügelnden und -vertiefenden – Freuden des Gelingens ein.

UNIT 1 Teaching

Step 1: Translating the Adjective and its Meaning Load

1 Trial Sentences

The Problem
A major structural feature of modern German is that a heavy burden of meaning is often carried by the adjective or adverb, whereas in English it is shifted elsewhere. This calls for several translation ploys.

Your Task
Translate the following sentences into English and then compare your versions with the master answers on page 112. If your answers are all satisfactory, you may opt to omit the next, explanatory stage.

Sentences
1. Die paradiesische Sprache des Menschen muß die vollkommen erkennende gewesen sein. WALTER BENJAMIN
2. Eine schöne Wohnung ist ein ausbruchssicheres Gefängnis. BRIGITTE SCHWAIGER
3. Genialität ist bewunderungsunwürdige Unmenschlichkeit. LOHBERGER
4. Ob jemand friedensfähig ist, ist heute daran zu erkennen, ob er abrüstungsfähig ist. HELMUT SCHMIDT
5. Wie schön, daß sie bereits nach neunzig Jahren Forschung mit halbwegs schadstoffarmen Autos aufwarten können.
6. Ihr Stil war literaturgeschichtlich frappierend neu.
7. Ein Zensor ist ein menschgewordener Bleistift oder ein bleistiftgewordener Mensch. JOHANN NESTROY
8. Ich sehe im Ablauf meines Lebens oder im Leben überhaupt keine storyähnlichen Erscheinungen. FRIEDERIKE MAYRÖCKER
9. Traditionen sind orientierungssichernde, handlungs- und verhaltensleitende kulturelle Selbstverständlichkeiten von generationenüberdauernder Geltung. HERMANN LÜBBE

Ist es nicht sonderbar, daß eine wörtliche Übersetzung fast immer eine schlechte ist?

GEORG CHRISTOPH LICHTENBERG, *Schriften und Briefe*

2 Specimen Sentences in English Translation

Sentences

A. Im kommunikativen Englischunterricht herrscht eine zielkulturelle bzw. zielsprachenverwendungsorientierte Atmosphäre. HANS-EBERHARD PIEPHO
The communicative English lesson has an atmosphere steeped in the target culture or oriented towards the use of the target language.

B. Gefühlsdumme Leser sind schlechte Leser. URS WIDMER
Readers with uneducated feelings/emotions are bad readers.

C. Solche Klimaschwankungen sind erdgeschichtlich nichts Neues.
Such fluctuations in climate are nothing new in the history of the Earth.

D. Eine hinreißende Schönheit, wohl zwanzig, schwarzhaarig, dunkelglanzäugig, bleichhäutig, der schöne Mund ... PAUL NIZON
A captivating beauty, twenty perhaps, black-haired, her eyes a dark gleam, her skin pale, her beautiful mouth ...

E. Der Autor benutzt die verschiedensten Stilmittel.
The author employs a great variety of stylistic means.

F. Die zinspolitische Entscheidung hatte sofortige Auswirkungen.
The interest policy decision had immediate consequences.

G. „Jugendgefährdend" heißt: die Alten sind so gefährdet, daß sie sich hinter der Jugend verstecken müssen. LUDWIG MARCUSE
'Endangering youth' means that the old are so endangered that they have to hide behind the young.

Guidelines

1. The essential point to recognise here is that the heavy burden of meaning often carried by the German adjective or adverb must normally be shifted in English onto a substantive.
2. In the classic case, A or B, a post-positional noun phrase is required.
3. The same applies for the increasingly common meaningful adverb, as in C.
4. Most such noun phrases come after the main noun as in A – D inclusive. Occasionally, however, as in E or F, they are placed before.
5. At times, as in 7 and 9 overleaf, a relative clause is the answer.
6. For the many adjectival suffixes in German more complex rules apply. A few, such as '-arm', become prefixes in English. A few, such as '-intensiv', remain as suffixes. A few, such as '-gefährdend', require a gerund phrase. Most, however, such as '-fähig' are best rendered by adjective + preposition, as in 3 and 4 overleaf. (For a more detailed analysis and listing, see Appendix A)

Teaching

Step 2: Translating the Language of Teaching

Translation Text

The Text The text below, from the early satiric writings of Wolfram Siebeck, has been chosen because it contains both good examples of the above point and a range of relevant vocabulary from the realm of teaching.

Your Task Translate the text below in its entirety, paying especial attention to the adjectives, and then compare your version with the master translation on page 112. Note the vocabulary suggestions beneath.

Wolfram Siebeck, „Wie der Ochs vorm Berge"

Text Deutschlands Mittelgebirge haben Zuwachs bekommen. Neben dem Butterberg, dem Rinderberg und dem Berg der Beschwerdebriefe, die täglich von verzweifelten Eltern wegen des unzureichenden Schulunterrichts geschrieben, wegen der hohen Portosätze der verschuldeten Bundespost aber nicht abgeschickt werden – neben diesen stattlichen Bergen erhebt ein neuer sein nicht minder stattliches Haupt, der Lehrerberg.

Er wächst noch, berichten professionelle Bergsteiger, macht aber heute schon einen vielversprechenden Eindruck.

Was er den Eltern verspricht, sind endlich kleine Klassen, in denen Kinder leichter und vielleicht sogar gerne lernen. Er verspricht Lehrer, die ihre Schüler beim Namen kennen und Zeit haben, sich um jeden einzelnen zu kümmern, anstatt in ihnen nur frühpubertierende Nasenbohrer zu sehen, die die Schule nur besuchen, um sie, die Lehrer, zum Wahnsinn zu treiben. Auch verspricht der Lehrerberg so etwas wie wetteifernde Konkurrenz unter den Lehrern; das heißt, es könnten einige von ihnen auf die Idee kommen, sich im Unterricht Mühe zu geben, weil nach dem Leistungsprinzip, dem die Schüler unterworfen sind, endlich auch die Lehrer beurteilt werden.

Der Lehrerberg verspricht ein Ende zu machen mit den Stunden, die ausfallen, weil ein Lehrer krank ist; ein Ende mit dem stumpfsinnigen Lehrbetrieb, in dem Schüler mit Wissen vollgestopft werden auf eine Art, die mit den Legebatterien der Hühnerfarmen vergleichbar ist: Oben Schillers „Glocke" rein, unten eine Zensur raus – Hoffnung aufs Abitur, nur wenn man auswendig gelernt hat, aber keine Chance, wenn man stottert.

All dies verspricht der Lehrerberg. Doch wenn das Versprechen wahr werden soll, müßten sich unsere Schüler in weit größerem Maße als bisher aus Angst vor Zeugnissen umbringen. Denn die

Teaching

vielen Lehrer sind nicht überzählig, weil es zu viele davon gibt, sie sind überzählig, weil es für sie zu wenig Stellen gibt. Und die gibt es nicht, weil der Staat sparen muß. Wo aber spart er am bequemsten? An der Bildung der heranwachsenden Staatsbürger. Denn eine Demokratie braucht auch Dumme.

Wer würde sonst Politiker wählen, die sich voller Stolz als christlich oder als sozial bezeichnen, die stolz darauf sind, daß wir die stärkste Armee, die stabilste Währung, die reichste Industrie und die längsten Autobahnen haben, aber das armseligste Bildungswesen aller zivilisierten Industrienationen – wer außer den Dummen wird solche Fehlbesetzung auf die Dauer wählen wollen?

Suggestions stattlich: *imposing* in der Nase bohren: *pick one's nose*
Fehlbesetzung: *misappointment*

Step 3: Vocabulary Work

The Language of Teaching: The Creative Classroom

Your Task Complete the crossword below, which consists of 24 key terms from the field of modern language teaching. The correct answers are to be found on page 113.

Clues
1. Belohnungsmethoden
2. Fehleranalyse
3. Klassengespräch
4. Anregung
5. Zielkultur
6. leitender Lerner
7. Lehrmittel
8. Interaktion
9. Erreichbarkeit
10. vertrauensvoll
11. Bestätigung
12. Binnendifferenzierungsmaßnahme
13. Lernziel
14. Projektarbeit
15. Unterrichtseinheit
16. Unterrichtsatmosphäre
17. Rollenspiel
18. Leistungsdruck
19. mißerfolgsmotiviert
20. konzentriert arbeiten
21. Aufgabe
22. einsprachige Methode
23. entspannt
Key Phrase: Diskurstüchtigkeit

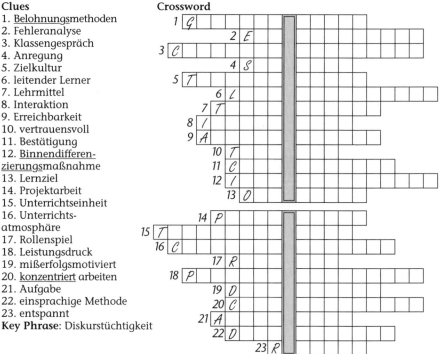

Teaching

UNIT 2 Reading

Step 1: Translating the Secondary Subordinate Clause

1 Trial Sentences

The Problem Complex sentences often contain secondary subordinate clauses – one clause inside another. The rules for constructing such a sentence, however, are different in English from in German.

Your Task Translate the following sentences into English and then compare your versions with the master answers on page 114. If your answers are all satisfactory, you may opt to omit the next, explanatory stage.

Sentences 1. Die Erziehung der Kinder, die dereinst, wenn wir zu Staub zerfallen sind, die Welt bedeuten werden, ist die selbstloseste aller Aufgaben. BELLAMY
2. Das Dilemma des Reisenden liegt darin, daß er, wenn es ihm an einem Ort gefällt und er da bleibt, kein Reisender mehr ist. CEES NOOTEBOOM
3. Dem britischen Export kam zugute, daß Deutschland und Japan, obwohl sie ja auch mit allen Kräften wiederaufbauten, in den ersten Nachkriegsjahren als Konkurrenten auf dem Weltmarkt ausfielen.
4. Ist man Europäer unter 20, so stehen die Chancen 2:3, daß man an der Umwelt stirbt, außer es tritt eine entscheidende Änderung in unseren Lebensgewohnheiten ein.
5. So kommt es, daß Jugendliche, denen allenfalls die Schule ein wenig Sicherheit verbürgt, mit dem Wissen aufwachsen, daß ihnen, sobald sie die Schule verlassen, Lehrstellen verweigert werden, daß sie unnütz sein könnten in einer Gesellschaft, in der die Solidarität aufgekündigt ist. GÜNTER GRASS

> *Als das Tier, das ins Größere umzieht, kommt dem Menschen von früh an eine eigentümliche übersetzende und übertragende Kraft zu. Von ihr ist eigentlich die Rede, wenn sich westliche Menschen, insbesondere seit der Renaissance, als schöpferische Wesen bezeichnen. Kreativität ist der pseudotheologische Deckname für die Fähigkeit des Menschen, beim Umzug ins Größere Bilder und Klänge aus dem kleineren Vertrauten gleichsam als altes Mobiliar mitzunehmen.*

PETER SLOTERDIJK, *Medien-Zeit: Drei gegenwartsdiagnostische Versuche* (Stuttgart, 1993), S. 84

2 Specimen Sentences in English Translation

Sentences

A. Die Statistiken zeigen unwiderlegbar, daß die AbsolventInnen, wenn sie breit ausgewiesen sind, positive Zukunftsaussichten haben.
Statistics show irrefutably that, if they are in possession of broad-based qualifications, (the) graduates have strong future prospects.

B. Sie propagieren die geradezu absurde Idee, daß ein Kernkraftwerk, sobald es ein deutsches ist, kein Risiko mehr darstellt.
They propagate the wellnigh absurd idea that, as soon as it is a German one, a nuclear power station is no longer a hazard.

C. In Oppositionskreisen wurde darauf aufmerksam gemacht, daß der Regierungssprecher, als er Nicht-Wissen als Grund angab, bereits im Besitz der erforderlichen Informationen war.
In opposition circles it was pointed out that, when the government spokesman gave ignorance as a reason, he was already in possession of the necessary information.

D. Es handelt sich um ein unentbehrliches Nachschlagewerk, das sich zwar an den Erwartungen des Wissenschaftlers orientiert, dabei aber auch die Bedürfnisse des Studierenden berücksichtigt.
It is an indispensable work of reference, which, although it takes its bearings from the expectations of the academic, also considers the needs of the student.

E. Einer der Gründe, warum die Menschen glauben, ist, daß sie bei aller Verzagtheit überzeugt sind, über so wichtige Dinge wie Gott und Unsterblichkeit lasse sich unmöglich lügen.
One of the reasons why people are believers is that, for all their doubts, they are convinced that it is impossible to lie about such important things as God and immortality.

Guidelines

1. The difficulty with secondary subordinate clauses in translation into English is essentially threefold.
2. Firstly, it is essential that the two subordinating conjunctions are placed immediately after one another in English and separated by a comma – as exemplified in all the translations above.
3. Secondly, the English subject is thus shifted to a later position in the sentence.
4. Thirdly, it is important to recognize that the same principle operates with a) German constructions including 'zwar' – if 'zwar' is translated as 'although' (see sentence D) and b) prepositional phrases, as in E.

12 **UNIT** 2 Reading

Step 2: Translating the Language of Criticism

Translation Text

The Text

The text below, by the Swiss writer Urs Widmer, has been chosen because it exhibits not only the above point but also several further key structures and a range of relevant vocabulary from the area of literary criticism.

Your Task

Translate the text below in its entirety, paying especial attention to the sentences with no noun subject, and then compare your version with the master translation on page 114. Note the vocabulary suggestions beneath.

Urs Widmer, „Über das Lesen"

Text

Ich möchte hier eine Beobachtung mitteilen, die mich über viele Jahre so verblüfft hat, daß ich sie, obwohl ihre Evidenz heller strahlt als der Morgenstern, lange Zeit nicht für wahr halten wollte und dann, als ich sie für wahr hielt, nicht aussprechen konnte, weil ich selber im Glashaus saß: daß die, die die besten Leser sein müßten – Germanisten, Kritiker, Redaktoren, Dramaturgen: die Profis –, zumeist die schlechtesten sind. Taubblinde Sprachlose. Warum ist das nur so?

Deshalb zum Beispiel: Die Uni hat den Berufslesern beigebracht, ihre Tätigkeit sei eine Wissenschaft und dürfe folglich nur kalten Herzens und kühlen Verstandes ausgeübt werden. Das ist ein dreifacher Irrtum, erstens weil auch Wissenschaftler nur heißen Herzens und glühenden Verstandes etwas Brauchbares zustande bringen, zweitens weil die Beschäftigung mit Büchern gar keine Wissenschaft ist, sondern zum einen Teil eine Kunst, zum anderen ein Handwerk, und drittens weil die Berufsleser auf diese Weise just ihr brauchbarstes Erkenntnisinstrument – ihre vom Verstand beobachteten Gefühle – nun diffus und unbeobachtet an ihrer Lektüre teilhaben lassen. Etwa wie ein Naturwissenschaftler, der seine Probe, in Rheinwasser gelöst, unters Mikroskop schöbe, ohne sich um dessen Zusammensetzung zu kümmern. Ohne Wut, Trauer, Lust oder Jubel kommt keine Zeile zustande – keine lesenswerte –, und ohne die Bereitschaft und Fähigkeit zu Jubel, Lust, Trauer und Wut kann keine Zeile gelesen werden. Schon deshalb ist oft der sogenannt arglose Leser, der ansonsten Büchner nicht von Brecht unterscheiden kann, der bessere als der professionelle. Bei uns wird stets nur die Kopfintelligenz, nie aber die Intelligenz der Gefühle trainiert. Gefühlsdumme Leser aber sind schlechte Leser.

Reading 13

> **Suggestions**
> der Morgenstern: *the morning star, the star of the morning*
> der Dramaturg: *dramatic adviser*
> gefühlsdumme Leser: for this construction, see Unit 1

Step 3: Vocabulary Work

The Language of Literature and Literary Criticism

> **Your Task**
> Complete the crossword below, which consists of 24 frequent terms from the field of literary criticism and book reviews, each denoting a type, or part, of a book. The correct answers are to be found on page 115.

Clues
1. Moralpredigt
2. Manifest
3. Wälzer, Mammutwerk
4. Fortsetzungs-, Folgeband
5. Abhandlung
6. Monographie
7. Klassiker
8. Hetzschrift
9. gelehrte Abhandlung
10. Kompendium, Zusammenfassung
11. Handbuch
12. Anklageschrift
13. Kommentar
14. Studie
15. „Lohnarbeit"
16. Gesamtwerk
17. Replik
18. Plädoyer
19. dicker Schmöker, langweiliger Schinken
20. Kritik (z.B. der gesellschaftlichen Verhältnisse)
21. kl. Unterhaltungsbuch
22. Stellungnahme
23. Traktat

Crossword

Key Phrase: Well-known Chinese saying: 'a book is ...

Reading

UNIT 3 Criticism

Step 1: Translating the Double-barrelled Adjective

1 Trial Sentences

The Problem — The German double-barrelled adjective is a feature of intellectual prose and occurs also in several everyday forms. It rarely, however, has an exact English equivalent and so poses probing problems.

Your Task — Translate the following sentences into English and then compare your versions with the master answers on page 115. If your answers are all satisfactory, you may opt to omit the next, explanatory stage.

Sentences

1. Man tut wohl gut daran, sich auf Jahrhundertgefechte zwischen den modernisierend-globalisierend und konservierend-kontrahierenden Weltgegenden und Charakteren einzustellen.
PETER SLOTERDIJK

2. Der „Eric-Warburg-Preis" wird seit 1988 an Menschen verliehen, die sich besonders für das deutsch-amerikanisches Verständnis einsetzen.

3. Bewegt-neuangeregtseinwollende Zeiten lieben Aphorismen. So Nietzsche und die Moderne. ROBERT MUSIL

4. Katina und Fine, Luisa und Conny bilden den Kern einer frech-aufmüpfigen Mädchenband mit dreiköpfiger Begleitband.

5. Leben – gefährliche Expedition zu dem grausamen, tückischen, raubgierigen, lüsternen, heuchlerisch-schönrednerischen wilden Volksstamme Mensch! WILHELM VON SCHOLZ

6. Ich stellte mir Homer gerade als kindlich-pummeligen Kellner vor. PETER HANDKE

7. Zunächst war der Roman wirklich eine krause und willkürlich-abenteuerliche Ausartung gebundener Epik. TH. MANN

Einen tiefen Dichter sollte man immer ein- oder zweimal übersetzen, um seine Schönheit nicht sowohl anderen zu geben, als selber zu verstehen.

JEAN PAUL, *Vorschule der Ästhetik* (1804)

2 Specimen Sentences in English Translation

Sentences

A. Aus Prinzip schenkte er jeder Diplomkandidatin einen nieder-schmetternden, höhnisch-verächtlichen Blick.
On principle, he gave every female diploma candidate a devastating glance of mocking contempt.
B. 1883 als Kind einer jüdisch-deutschböhmischen Familie ge-boren, starb er 1924, also nur einundvierzig Jahre alt, an der Schwindsucht.
Born in 1883 of Jewish parents from German-speaking Bohemia, he died in 1924, only 41 years of age, of consumption.
C. Die Speisekarte bietet nur exklusiv-erlesene Gerichte an.
The menu offers only choice, select dishes.
D. Er ging daran, ein neues historisch-nationales Epos zu schreiben.
He set about writing a new national historical epic.
E. Endlich war ich im Traum wieder Pilger: d. h. alles war bezeich-net mit schmerzhaft-ernüchternder Vergeblichkeit. PETER HANDKE
At last in my dreams I was again a pilgrim: i.e. everything was marked by a painfully sobering futility.
F. Der verhängnisvolle deutsch-französische Krieg stellt eine Wasserscheide in der europäischen Geschichte dar.
The fateful Franco-Prussian War is a watershed in European history.
G. ... die Bugwelle (gletschergrün, milchblau, schaumbedeckt) rauschte ununterbrochen, fort, fort, fort. MARIE LUISE KASCHNITZ
... the bow-wave (glacier-green, milk-blue and foam-covered) swished uninterruptedly on, on, on.

Guidelines

1. Several double-barrelled adjectives – as in sentences A or B – can be treated as adjectives with a heavy burden of meaning – see Unit 1.
2. In the frequent cases where, as in C or 4 overleaf, the double adjective is virtually a tautology, two adjectives separated by a comma are all that is required.
3. In several other cases, such as D or 3 overleaf, the two parts of the adjective can simply be disjoined and linked perhaps by an 'and'.
4. In cases such as E or 6 overleaf, however, the first part of the compound seems to modify the meaning of the second. Such a sense is rendered by giving the first part an adverbial form.
5. The beguilingly simple forms 'deutsch-französisch' etc. often have a surprising equivalent – as tabulated in Appendix A.
6. Sentence F is the important reminder that many adjectives not double-barrelled in German become so in English – see Appendix A.

Step 2: Translating Literary Critical Language

Translation Text

The Text The text below, by the major literary critic Peter Szondi, has been chosen because it contains both excellent instances of the above point and part of Szondi's justly celebrated analysis of the structures of modern drama, from Chekhov and Ibsen to Arthur Miller.

Your Task Translate the text below in its entirety and then compare your version with the master translation on page 116.

Peter Szondi, „Theorie des modernen Dramas"

Text Hamlets Schauspiel, das die vermutete Vergangenheit vorführt, [to] "catch the conscience of the king", ist als Episode in die Handlung eingebaut und bildet in ihr eine geschlossene Sphäre, die jene als ihre Umwelt bestehen läßt. Indem das zweite Schauspiel ein thematisches, das Moment der Aufführung also unverdeckt ist, geraten Ort und Zeit der beiden Handlungen nicht in Konflikt, die drei dramatischen Einheiten und damit die Absolutheit des Geschehens bleiben bewahrt. Im *Tod eines Handlungsreisenden* hingegen ist das Schauspiel der Vergangenheit keine thematische Episode, immer wieder geht die gegenwärtige Handlung in es über. Keine Schauspielertruppe tritt auf: die Gestalten können wortlos zu Schauspielern ihrer selbst werden, denn der Wechsel von aktuell-zwischenmenschlichem Geschehen und vergangen-erinnertem ist im epischen Formprinzip verankert. Dadurch sind auch die dramatischen Einheiten aufgehoben, und zwar im radikalsten Sinne: die Erinnerung bedeutet nicht nur die Vielzahl von Ort und Zeit, sondern den Verlust ihrer Identität schlechthin. Die zeitlich-räumliche Gegenwart der Handlung wird nicht bloß auf andere Gegenwarten relativiert, vielmehr an sich relativ. Das Haus des Handlungsreisenden bleibt auf der Bühne bestehen, aber seine Wände werden in den erinnerten Szenen nicht mehr beachtet, entsprechend der Erinnerung, die keine Schranken von Zeit und Raum kennt. [...] So erscheint im ersten Akt, während Loman mit seinem Nachbarn Charley Karten spielt, die Erinnerungsgestalt Ben auf der Bühne, der Bruder des Handlungsreisenden:

Willy: Ich bin todmüde, Ben.

Charley: Spiel nur weiter, du wirst dann besser schlafen. Sagtest du Ben zu mir?

Willy: Komisch. Eine Sekunde hast du mich an meinen Bruder erinnert. [...]

Um dieses dauernde Mißverständnis in der dramatischen Form gestalten zu können, brauchte Tschechow die thematische Stütze der Schwerhörigkeit. Hier geht es formal aus dem Nebeneinander

der zwei Welten hervor, deren gleichzeitige Darstellung das neue Formprinzip ermöglicht. Sein Vorzug gegenüber der Tschechowschen Technik liegt auf der Hand. Die thematische Stütze, deren Symbolcharakter undeutlich bleibt, läßt das Einander-Mißverstehen zwar allererst auftreten, verdeckt aber zugleich dessen wahren Ursprung: die Beschäftigung des Menschen mit sich selber und mit der erinnerten Vergangenheit, die erst nach der Aufhebung des dramatischen Formprinzips als solche in Erscheinung zu treten vermag.

Step 3: Vocabulary Work

The Language of Literary Genre

Your Task Which work below belongs to which of the thirty or so genres listed beneath, and what is that genre rightly called in English?

Works 1. Anon., *Beowulf* (c. 1000) 2. Anon., 'Chevy Chase' (C15th) 3. Anon., *Mankind* (c. 1473) 4. St. Augustine, *Confessions* 5. BBC Radio, *The Archers: An Everyday Story of Countryfolk* 6. Saul Bellow, *The Adventures of Augie March* (1953) 7. Boccaccio, *Decamerone* (1351) 8. Truman Capote, *In Cold Blood* (1966) 9. Wilkie Collins, *The Moonstone* (1868) 10. Ch. Dickens, *Pickwick Papers* (1836—) 11. Disraeli, *Sybil, or, the Two Nations* (1845) 12. John Dos Passos, *USA Trilogy* (1930-36) 13. John Galsworthy, *The Forsythe Saga* (1922) 14. Ernest Hemingway, 'A Clean, Well-lighted Place' (1933) 15. D. H. Lawrence, *Sons and Lovers* (1913) 16. George Lillo, *The London Merchant* (1731), 17. Mary McCarthy, *The Groves of Academe* (1952), 18. Andrew Marvell, 'To His Coy Mistress' (c. 1653) 19. Charles Maturin, *Melmoth the Wanderer* (1820) 20. D. G. Rossetti, *The House of Life* (1881) 21. Walter Scott, *Rob Roy* (1817) 22. Edmund Spenser, *The Shephearde's Calender* (1579) 23. John Steinbeck, *The Grapes of Wrath* (1939) 24. John Sterling, *Crystals from a Cavern* (1838) 25. Jonathan Swift, *Tale of a Tub* (1704) 26. Paul Theroux, *Slow Boat to China* (1990) 27. J. R. R. Tolkien, *Leaf, by Niggle* (1948) 28. Ben Travers, *A Cuckoo in the Nest* (1925) 29. Oscar Wilde, *An Ideal Husband* (1895) 30. Wordsworth and Coleridge, *Lyrical Ballads* (1798)

Options A. Aphorismen B. Ballade C. Bildungsroman D. bürgl. Trauerspiel E. Detektivroman F. Epos G. Familienchronik H. Farce I. Fortsetzungsroman J. hist. Roman K. Komödie L. Kurzgeschichte M. Liebeslyrik N. Märchen O. Moralität P. Lyrik Q. Novelle(n) R. Pastorale S. pikaresker Roman T. Reisebericht U. Roman zur Lage der Nation V. Roman des Nebeneinander W. Satire X. Schauerroman Y. Seifenoper Z. Selbstbiographie AA. Sonett BB. sozialer Roman CC. Tatsachenroman DD. Tendenzroman EE. Universitätsroman

UNIT Language

Step 1: Translating German Subjunctives

1 Trial Sentences

The Problem German subjunctives are the bearers of sophisticated nuances of meaning. Several forms, however, have no immediate or obvious equivalent in English and thus pose a variety of translation problems.

Your Task Translate the following sentences into English and then compare your versions with the master answers on page 118. If your answers are all satisfactory, you may opt to omit the next, explanatory stage.

Sentences
1. Wir wissen nicht von einem Plan und Ziel des Ganzen. Wir sprechen, als ob er bestehe. KARL JASPERS
2. Ohne seine Beziehungen wäre er wohl nicht Minister geworden. Dank seinen Beziehungen ist er es nicht lange geblieben.
3. Er lebe hoch, hoch, hoch!
4. James, sagen Sie bitte dem Chauffeur, er möge mich um 14.25 Uhr mit dem Bentley vom Flughafen abholen. Terminal 4, versteht sich.
5. Ich muß es schaffen, es komme, was da kommen mag, und koste es, was es wolle.
6. Wie dem auch sei, und was das Schicksal uns auch bringen möge: Ohne den unermüdlichen Kampf jener, die die Wohlfahrt der gesamten Menschheit im Auge haben, wäre das Los der Welt noch schlimmer als es heute ist. ALBERT EINSTEIN
7. Qualen der Wohnung. Grenzenlos. Ein paar Abende gut gearbeitet. Hätte ich in den Nächten arbeiten dürfen! FRANZ KAFKA
8. Er möge nicht umsonst gestorben sein. Die kurze aber reiche Spanne seines Lebens sei uns allen eine Lehre und eine Mahnung.

Übersetzen und Reisen waren parallele Beschäftigungen, und sie dauerten ein ganzes Leben lang. Die Übersetzerschule war eine Schule für Reisende und Forscher.

OCTAVIO PAZ, *Lektüre und Kontemplation.* Frankfurt/M: Suhrkamp 1991

2 Specimen Sentences in German Translation

Sentences

A. Ohne das Unglück gäbe es keine Glückszustände.
Without unhappiness, there would be no states of happiness.
B. Sie tat, als sei sie weiß Gott, wer.
She acted as if she were the bee's knees.
C. Wäre es nur immer so gewesen!
If only it had always been so!
D. Unerhört! Das dürfte ein einmaliger Vorgang sein! – Ja, das dürfte wohl stimmen. Er schert sich ja kaum um die gewohnten Spielregeln.
Scandalous! That must be without precedent. – Yes, you're likely to be right there. He doesn't give a fig for the normal rules.
E. Sie mögen um 11.00 Uhr beim Direktor vorsprechen.
You are requested to/Be so kind as to see the headmaster at 11 a.m.
F. Er ruhe in Frieden. Mögen seine diesseitigen Leiden ihm im Jenseits zehnfach vergolten werden.
May he rest in peace. May his suffering(s) in this life be repaid tenfold in the world beyond.
G. Sei versichert, daß wir keine Anstrengung scheuen werden.
Rest assured that we will spare no effort.
H. Er geht über Leichen. Er will nach oben, koste es, was es wolle.
He'd sell his grandmother. He intends to get to the top whatever the cost/whatever it takes.
I. Das bleibe dahingestellt. – Ja, so sei's!
That may remain an open question. – Yes, so be it!

Guidelines

1. In expressions of hypothetical statement such as A and B, the tense usage is as in conditional clauses. (If need be, see *Grundkurs*, Unit 12)
2. Unreal wishes, as in C, call for the introductory 'if only' form.
3. The still common expression of supposition via '*dürfte*' is often best translated by 'must', 'is likely to', 'is liable to'.
4. The polite or formal command using '*möge*' requires one of the several English equivalents: 'be so kind as to', 'you are to', 'I wish him to' etc. – see sentences E and 4 overleaf.
5. Subjunctives of polite or pious wish, as in sentences F and 8 overleaf, require a construction with 'may'.
6. The several residual subjunctives in common sayings are well worth memorizing – see sentences G, H, I and 3, 5 and 6 overleaf.

Step 2: Translating the Language of Language

Translation Text

The Text The text below, by the well-known linguist Heinz Ohff, has been chosen because it contains several examples of the above issue and useful vocabulary from the area of language description.

Your Task Translate the text below in its entirety and then compare your version with the master translation on page 118.

Heinz Ohff, „I like Fremdwörter"

Text Immer wieder und in nahezu regelmäßigen Abständen beklagen Germanisten, Feuilletonisten und Tageszeitungsleserbriefschreiber die Überfremdung unserer Sprache mit angelsächsischen Vokabeln. Kürzlich war jemand ganz empört, weil ich das Wort „Team" gebraucht hatte, als sei es ein deutsches. Das Wort „Team" gehöre verboten. Deutsch müsse es heißen: „Arbeitsgemeinschaft".

Ich bin da gegenteiliger Ansicht. Ein wenig angelsächsische Nüchternheit – ich hätte beinahe gesagt: „horse sense" – kann auch der deutschen Sprache nichts schaden. So hat das Wort „Team", scheint mir, den entscheidenden Vorteil, daß man es, im Gegensatz zum Wort „Gemeinschaft", nicht mit Worten wie „Volk" oder „Blut" koppeln kann. „Volksteam", zum Beispiel, klingt lächerlich. Und sollte, da Lächerlichkeit in unseren Breiten bekanntlich nur selten tötet, diese absurde Zusammenstellung doch einmal von diesem oder jenem Sprachneuschöpfer benutzt werden, klänge sie auf jeden Fall nicht so bedrohlich wie einst die ominöse „Volksgemeinschaft". Ein „Blutsteam" ist sogar undenk-, weil unsagbar. Wäre es nur immer so gewesen!

Gebranntes Kind scheut das Feuer. Es dürfte die Scheu vor auch nur einem Anflug von Bräune gewesen sein, eine sehr gesunde Scheu, die uns manche Lehnwörter aus angelsächsischen Bereichen hat einbürgern lassen.

So gehört ein „Gleichtakt der Herzen" seit je zur Lieblingsphraseologie vornehmlich deutscher Demagogen. Jetzt hat sich für das Wort „Takt" weitgehend das englische „Beat" eingebürgert – „Beat des Herzens"? Da wäre selbst Goebbels machtlos. Die angelsächsischen Lehnwörter haben unsere Sprache entdemagogisiert. [...]

Bleibt nur zu hoffen, daß wir möglichst bald ein angelsächsisches Fremdwort finden für jenen fatalen Ausdruck, den ich in Ermangelung eines besseren, unbelasteten gleich zu Anfang meiner kurzen Apologie angelsächsischer Fremdwörter gebraucht habe: für „Überfremdung".

Suggestions

Überfremdung: *the swamping*
Nüchternheit: *sobriety*
in unseren Breiten: *in our part of the world*
Bräune: (here) *Nazism* or: *Naziism*

Step 3: Vocabulary Work

The Language of the History of Language

Your Task   Study the twenty-five linguistic items below and then decide which is *best* characterised as an example of which of the essential linguistic terms listed beneath.

Items

1. amoral   2. bananaphobia   3. **the blitz**

4. **as sober as a judge**   5. *she's blossoming at university*

6. **chocoholic**   7. **Eurocracy**   8. folk-song

9. **Hereafter**   10. **Hobson's choice**

11. **hi-fi**   12. **hullabaloo**

13. **in this day and age**

14. I put down my Leavis and put on my Levis

15. It wasn't a bad performance

16. a bottle of plonk   17. **red tape/*roter Faden***

18. **smog**   19. they have both passed on

20. scissors   21. spick and span

22. wireless

23. UNESCO   24. **Use yer loaf**

25. **wanna**

Options   A. acronym / B. archaism / C. blend / D. calque/loan translation / E. cliché/hackneyed word or phrase / F. clipping / G. Cockney rhyming slang / H. collocation / I. contraction / J. eponym / K. euphemism / L. false friend / M. figurative language / N. fossilized word / O. German loan word/borrowing / P. hybrid word / Q. litotes / R. neologism / S. nonce word / T. obsolescent word / U. onomatopoeia / V. paronomasia / W. a pejorative / X. pluralia tantum / Y. portmanteau word

Language

Translation Theory I   Babel: the Translator-less Tower

Genesis

The story of Creation may begin in Genesis 1. The story of translation, however, begins in Genesis 11:

11 Now the whole world had one language and few words. [2] And as men migrated from the east, they found a plain in the land of Shinar and settled there. [3] And they said to one another, 'Come and let us make bricks, and burn them thoroughly.' And they had brick for stone, and bitumen for mortar. [4] Then they said, 'Come let us build ourselves a city, and a tower with its top in the heavens, and let us make a name for ourselves, lest we be scattered abroad upon the face of the whole earth.' [5] And the Lord came down to see the city and the tower, which the sons of men had built. [6] And the Lord said, 'Behold, they are one people, and they have all one language; and this is only the beginning of what they will do; and nothing that they propose to do will now be impossible for them. [7] Come, let us go down, and there confuse their language, that they may not understand one another's speech.' [8] So the Lord scattered them abroad from there over the face of all the earth, and they left off building the city. [9] Therefore its name was called Babel, because there the Lord confused the language of all the earth; and from there the Lord scattered them abroad, over the face of all the earth.

(Revised Standard Version of King James's Bible of 1611)

A Guiding Tower

Excavations in the Middle East have uncovered towers which might underly this story. Telescopic in shape (as the conventional European depictions of Babel – see overleaf), sited in plains and perhaps topped by a flaming beacon, they are thought to have helped guide caravans across the desert. Be that as it may, in the Babel myth the issues of communication and bringing men together receive a profound twist.

Elements of the Myth

The myth is by no means restricted to Western and Christian cultures. It is found among tribes of Africa and India, the aborigines of South Australia, the Quiché of Guatemala and the Indians of California. Common to all these versions is the idea of one original language shared by all. Under its aegis, mankind is united, purposeful and ambitious. God thereupon imposes a multiplicity of languages and a geographical spread which effectively thwart mankind's rise.

The Absent Translator

It is noteworthy that the myth contains no translator-hero who restores the lost understanding and purpose. Indeed, the myth is not an advert for translation at all. Its sympathies are with the one people of Shinar. Its thrust is towards one lingua franca – 'one language and few words' – an Esperanto, which is the very negation of translation.

Babel and After

Nevertheless, Babel has become a symbol both of mankind's plight and of the translator's challenge. Translation studies begin with the actual differences and sought equivalences of the post-Babel world.

The Babel Motif in the Graphic Arts

Cornelis Anthonisz, c. 1547

Pieter Bruegel d. Ä., c. 1560

Maurits Cornelis Escher, c. 1928

Cartoon, c. 1975

The above four pictures illustrate the continuing fascination of the Babel motif for the European consciousness. Studies suggest that the motif is especially prevalent in the Renaissance/Reformation and our own 'age of translation', the postwar and postmodern world.

Revision I

Step 1: Revision Sentences

The Material
The following fourteen sentences allow you to test the knowledge and skills acquired in the foregoing four units. Each sentence contains one or more of the essential points analysed and practised there.

Your Task
Translate the sentences below and then compare your answers with the master answers on page 119. If you find any grave weaknesses in your versions, return to the Unit(s) concerned for a second look.

Sentences
1. Von globalem Handeln kann umweltpolitisch selbst bei kühnstem Optimismus überhaupt keine Rede sein. JOSCHKA FISCHER
2. Ideologien sind Monokulturen – marktbeherrschend auf Zeit, verkümmern sie mit dem ermüdenden Boden. HANS KASPER
3. Hier führen literaturfremde Kriterien zu einer krassen Fehlschätzung seiner dichterischen Bedeutung.
4. Der Erfolg eines Mannes bei einer Frau beginnt dann, wenn sie ihn bewundert, weil er drei große Stücke Torte zu essen vermag, oder wenn sie dazu lacht, daß er, während sich andere Männer erhitzen, bloß erklärt: „Ich habe dazu nichts zu sagen". HEIMITO V. DODERER
5. Nie war eine Gegenwart vergangenheitsbezogener als unsere eigene. HERMANN LÜBBE
6. Weihnachtsfest, das sind die wenigsten. ULRICH HORSTMANN
7. Er ging neben seinem Schwips her und tat, als kennten sie einander nicht. ERICH KÄSTNER
8. Indem ich die Bundesregierung kritisiere, nehme ich sie als verbesserungswürdig an. DANIELA DAHN
9. Ach, hätte er doch auf mich gehört! Jetzt ist es zu spät, zu spät!
10. Was wir in unseren neueren Büchern von der bisherigen Entwicklung der menschlichen Gesellschaft vor uns haben ist vor allem eins: gewaschene Geschichte. Der natürliche Duft und Brodem der Dinge dürfte uns schlichtweg ersticken. CHR. MORGENSTERN
11. Kunstfähig ist allein das Mystisch-Rein-Menschliche, die unhistorisch-zeitlose Urpoesie der Natur und des menschlichen Herzens. TH. MANN
12. Der Faktor Hongkong hat die britisch-chinesischen Beziehungen jahrzehntelang belastet.
13. Das Wichtigste für das Gedeihen der Kunst wäre also, daß dort, wo darüber entschieden wird, was darunter zu verstehen ist, Personen mit „Kunstverstand" am Werk sind. ESTHER VILAR
14. Es ist keine Frage, daß auch der Witz eine Revolte gegen das gesellschaftlich-durchschnittliche Bezugssystem darstellt. A. ADLER

Step 2: Revision Translation Text

The Text — The text below, by the literary critic and author Hannelore Schlaffer, has been chosen because it enables revision both of all the points learned and of key vocabulary from the foregoing units.

Your Task — Translate the text in its entirety and then compare your version with the master translation on page 120. If you find any weaknesses in your version, return to the Unit(s) concerned for a second look.

Hannelore Schlaffer, „Die Schauergeschichte"

Text — Motiv und Stimmung, wie sie der Schauerroman entwirft, um den Leser ins Geschehen zu verstricken, eignen sich nicht für die ursprünglich witzige Redeweise der Novelle, die die Distanz zum Erzählten voraussetzt. Gleichwohl hat die Novelle in ihrem Stoffhunger auch dieses Sujet aufgenommen, so daß die Schauergeschichte als eigene Form entstand, die vom Schauerroman unterscheiden zu wollen freilich eine müßige Arbeit wäre. Immerhin zeigt sich am späten Beispiel Poes, daß er sich, so wenig auch der von ihm auf den Höhepunkt geführte Erzähltypus noch etwas mit der alteuropäischen Form zu tun zu haben scheint, als Autor seiner Herkunft aus der Novellentradition durchaus bewußt ist, so daß Strukturen dieser Form die nicht-novellistischen Motive tragen, die er verwendet.

Poes Erzählung *Die Maske des roten Todes* übersetzt die Struktur des *Decameron* in Figuren und Räume und darf daher als Muster dafür angesehen werden, auf welche Weise sich dieser Autor in die Tradition der Novelle einreiht. Unschwer ist in der Flucht des Prinzen Prospero und seiner Höflinge vor der Pest „in die tiefe Abgeschiedenheit einer seiner befestigten Abteien" das Thema des Rahmens zu erkennen. In der Kumpanei von tausend lebenslustigen Leuten ist die *brigata* des *Decameron* wiederauferstanden. Die Erzählung besteht in der handlungsarmen Darstellung eines Festes, auf dem sich die groteskesten Masken tummeln. Beim Schlag einer jeden Stunde wird die geradezu blasphemische Lust des Festgetriebes unterbrochen vom düsteren Klang einer Uhr, die im hintersten der sieben Zimmer steht, durch die die Tanzenden sich bewegen. Endlich zur Mitternachtsstunde erscheint eine neue Maske, die des Todes selbst. [...]

Damit hat Poe die Struktur von Boccaccios Werk in ein Sujet übersetzt. Die Struktur, die sonst bei Dichtungen unter der Oberfläche der Ereignisse gefunden werden muß, ist zu einem Text geworden, der leicht lesbar ist. Poes Geschichte ist erzählte Struktur.

UNIT 5 International Relations

Step 1: German Structures with No Noun Subject I

1 Trial Sentences

The Problem	The German sentence with no noun subject is a common structure of considerable stylistic elegance. It has, however, no equivalent in English, where the absence of a noun subject is a virtual impossibility. The various forms of the problem are major pitfalls for the German translator into English.
Your Task	Translate the following sentences into English and then compare your versions with the master answers on page 121. If your answers are all satisfactory, you may opt to omit the next, explanatory stage.
Sentences	1. Wo man umsonst ißt, wird immer gut gekocht. C. M. WIELAND 2. Wo Lautsprecher sind, wird mit Kultur gegurgelt. MARTIN KESSEL 3. Ich kann es nicht begreifen. Überall muß gespart werden, und dann werden Milliarden in unsinnige Mammutprojekte verpulvert. SPD-WAHLPLAKAT 4. Früher wußten wir, woran wir uns zu halten hatten. Da wurde noch gewandert. JÜRGEN BECKER 5. Mit guten Ideen und Aktionen allein wird unserer Umwelt nicht geholfen. ULRIKE MEYFARTH 6. Wo nichts ist, darüber kann nicht philosophiert werden. J. G. HERDER 7. Ob beim Zoll oder bei der Polizei – geschmiert wird überall. SCHLAGZEILE

> Die Sprache willst du bald unter- bald überschätzen,
>   Jenach du willst in sie und aus ihr übersetzen.
> Denn jede hat in sich etwas Unübersetzbar's,
>   Das dann bei jedem Versuch dir scheint ein Unschätzbar's.
> Und wie dein Geist sich mit der Übertragung quält,
>   Scheint seine Sprach' ihm arm, weil grade das ihr fehlt.
> Doch übersetz' aus ihr, so findest du sie reich;
>   So findest du zuletzt die zwei ungleichen gleich ...

FRIEDRICH RÜCKERT (1788–1866)

2 Specimen Sentences in English Translation

Sentences

A. Die Freiheit ist gebunden an die Weise, wie produziert, ausgebildet, gelehrt und geforscht wird. KARL JASPERS
Freedom is linked to the way in which we produce, train, teach and research. Or: ... production, training, teaching and research are carried on.
B. In den Kantinen wird bewußter gegessen. SCHLAGZEILE
In canteens, people are eating with more awareness.
C. Der Name Europas nennt eine Weltgegend, in der auf unverkennbar eigentümliche Weise nach der Wahrheit und nach der Güte des Lebens gefragt worden ist. PETER SLOTERDIJK
The name of 'Europe' designates a part of the world where, in an unmistakably particular way, people have asked after truth and the goodness of life. Or: ... we have asked ...
D. Auch in Neu-Ulm wurde demonstriert.
In Neu-Ulm also there was a demonstration. Or: ... a demonstration was held / ... people demonstrated.
E. In Fachkreisen wurde darüber spekuliert, ob die Ergebnisse nicht 'getürkt' seien.
In specialist circles there was speculation as to whether the findings had not been 'fiddled'.
F. Entschieden wurde andernorts. SCHLAGZEILE
The decision was taken elsewhere. Or: The decisions were taken elsewhere.
G. Ist Heroinsüchtigen mit Methadon zu helfen? SCHLAGZEILE
Can heroin addicts be helped by methadon?

Guidelines

1. The key thing to note here is that the sentence with no noun subject – often good style in German – is wellnigh impossible in English.
2. Therefore, a subject must be discovered or invented, the question being where that subject is to be found.
3. In sentences A, B and C, however complex the subject-matter may seem, the suitable subject is 'we' or 'you', 'people' or 'they'.
4. In sentences such as D or E – and these are the most common cases by far – an alternative possibility is to find a subject within the verb and to use a 'there is/was etc.' construction.
5. In the slightly less common cases of F and G, the subject is found in the verb and in the indirect object respectively – cf. sentences 1 and 5 overleaf.

28 **UNIT** **5** International Relations

Step 2: The Language of International Relations

Translation Text

The Text	The text below, by the renowned German Minister of the Interior Gerhard Baum, has been chosen because it contains not only good examples of the above point but also several further key structures and a range of relevant vocabulary from the sphere of war and peace.
Your Task	Translate the text below in its entirety, paying especial attention to the sentences with no noun subject, and then compare your version with the master translation on page 122. Note the vocabulary suggestions beneath.

Gerhard Baum, „Was Frieden für mich bedeutet"

Text	Wer miterlebt hat, was Krieg, Hunger und Not, angstvoll durchlebte Bombennächte und verbrannte und zertrümmerte Städte, endlose Flüchtlingsströme und der Verlust der eigenen Heimat bedeuten, für den ist die Sicherung des Friedens die zentrale Aufgabe der Politik. Viele Bürger haben diese Erfahrung nicht gemacht. Für die nach 1945 aufgewachsene Jugend ist der Krieg nicht der Zweite Weltkrieg, sondern der Vietnamkrieg. Ihnen müssen wir besonders verdeutlichen, was es bedeutet, in Frieden, Freiheit und in einem Wohlstand zu leben, um den uns viele Völker beneiden.

Frieden bedeutet aber nicht nur das Fehlen von Krieg. Um Frieden muß ständig neu gerungen werden. Das Bemühen um Frieden muß ein durchgängiges Gestaltungselement für alle Bereiche unseres privaten und politischen Lebens sein.

Friedensbewegung und alternative Lebensformen

Heute stellen die Ökologiebewegung und die Friedensbewegung eine entsprechende Herausforderung für die Politik dar. Angesichts der z.B. in der Tat erschreckenden Aussichten, die der Bericht *Global 2000* für die Situation der Umwelt im Jahre 2000 eröffnet, stellen politisch sensible und vorwiegend junge Menschen im Grunde berechtigte Forderungen. Gestritten wird hierbei letztlich – und dies wird leider vielfach verkannt – nicht über die Ziele, sondern über die Methoden, Maßnahmen und Zeiträume einer realistischen Durchsetzung gerechtfertigter und notwendiger Forderungen. Bei diesen Auseinandersetzungen gibt es keine Alternative zur Verständigung, zum Zuhören, zum Miteinanderreden; sonst kann es keinen Frieden im Inneren geben. Es ist eben besser, mehr miteinander als übereinander zu reden.

International Relations 29

| Suggestions | durchgängig: (perhaps) *ongoing, thoroughgoing*
im Inneren: *at home, in home policy, in the country at large* |

Step 3: Vocabulary Work

The Language of International Relations

| Your Task | Complete the crossword below, which consists of key terms from the field of international relations. The answers are on page 123. |

Clues

Across

5. Hurrapatriotismus
7. Gesandte(r)
9. Schaukeldiplomatie
12. Beziehungen abbrechen
14. die NATO
15. Abkommen
21. + 17. Warschauer Pakt
22. + 16. dipl. Köfferchen
26. Ausländerfeindlichkeit
28. Kulturattaché
29. Boykott

Down

1 + 13. einen Vertrag brechen
2. int. Gerichtshof
3. + 22. dipl. Immunität
4. Politik der Nichtein-mischung
6. heißer Draht nach Moskau
8. Block
10. Kanonenboot-diplomatie
11. Staatshoheit
15. Bündnis
18. + 19. Entwicklungsland
20. „Falke"
24. „Taube"
25. + 23. Pufferstaat
27. Embargo

Crossword

30 **UNIT 5** International Relations

UNIT 6 The New Europe

Step 1: Translating German Impersonal Constructions

1 Trial Sentences

The Problem   Had one to name the German word which causes the most problems in translation into English in proportion to its length, that word might well be 'es'. Though essential features of German, many impersonal constructions with 'es' have no evident equivalent in English.

Your Task   Translate the following sentences into English and then compare your versions with the master answers on page 123. If your answers are all satisfactory, you may opt to omit the next, explanatory stage.

Sentences   1. Am besten sitzt es sich unter Menschen, die man nie wieder sehen wird. ELIAS CANETTI
2. Es kriselt in der Branche. Es hat sich ausgeboomt.
3. Es kam wieder zu schweren Ausschreitungen.
4. Es rächte sich, daß die Regierung Attlee es unterlassen hatte, durch langfristige Planung eine Produktivitätssteigerung der Wirtschaft zu gewährleisten. HANS-CHRISTOPH SCHRÖDER
5. In dieser Sprache habe ich, [...] Gedichte zu schreiben versucht: um zu sprechen, um mich zu orientieren, um zu erkunden, wo ich mich befand und wohin es mit mir wollte ... PAUL CELAN
6. Um 6 Uhr morgens klingelt es. Es pocht an die Tür. Mark schwankt zur Tür, er hält sich die Decke um den Leib gerafft. MAIKE WETZEL
7. Draußen dämmert es bereits, und die Vögel beginnen zu zwitschern. HANS ERICH NOSSACK
8. **Weil ich gesagt habe**
   ‚Hier stinkt's!'
   Wurden über meinen Kopf einige
   Nachttöpfe geleert –
   Als Gegenbeweis. GÜNTER KUNERT

Die Übersetzer sind die Relaispferde der Bildung.

ALEXANDER PUSCHKIN, *Aufsätze und Tagebuchblätter*

2 Specimen Sentences in German Translation

Sentences

A. Es war schlecht um die Firma bestellt. Und es wurde auch immer schlimmer. Wie würde es weitergehen?
The firm was in a bad way. And things were getting increasingly worse. What would the future bring?
B. Es gärt in den heruntergekommenen amerikanischen Innenstädten.
The run-down inner-city areas in America are in ferment.
C. Am besten studiert es sich an familiären Fachbereichen mit günstiger Relation Studierende/ProfessorInnen.
One studies best in a Faculty with a family atmosphere and a favourable student/staff ratio.
D. Wie stirbt es sich in und mit den Philosophien?
HANS BLUMENBERG
How do people die in and with the various philosophies?
E. Jeder, den es nach Gerechtigkeit verlangt, der wird einmal einen Gott schmähen. PETER HANDKE
Everyone who feels a hankering for justice will one day despise a god.
F. Dennoch kam es so gut wie nie zu offenen Auseinandersetzungen.
Nevertheless there were virtually never any stand-up arguments.
G. Wie kommt es, daß die Philologie nervös wird, sobald sich ein anderer mit den Texten befaßt? ERHART KÄSTNER
How come that philologians get nervous as soon as someone else concerns himself with the texts?

Guidelines

1. In each of the constructions above and overleaf, the German impersonal construction is not available in English. Instead, an alternative subject must be found – in the (indirect) object, the predicate, the verb or the imagination, as in A, B and 2, 4, 6 and 8 overleaf.
2. The construction *'es wohnt sich hier gut'* is rendered by either 'It's good living here' or 'One lives well here' – as in C, D and 1 overleaf.
3. Structures à la *'Es verlangt mich nach …'*, *'Wohin will es mit mir?'* are translated 'I have a yearning/hankering for …' and 'Where am I destined to go?/Where is life leading me?'
4. *'Es kam zu …'* is equally simply rendered 'There were …'
5. The many phrases such as *'Es pfiff im Garten'* become 'There was a whistling in the garden' – as in 6 overleaf.
6. *'Wie kommt es, dass …?'* is simply rendered 'How come …?'
7. *'Es'* + *'dass'*-clause becomes 'The fact that …' as in 4.
For the further common constructions with *'es'*, see Unit 15.

32 The New Europe

Step 2: Translating the Language of the New Europe

Translation Text

The Text

The text below, by Günter Grass, Germany's most recent literary Nobel Laureate, contains not only good examples of the above issue but also relevant vocabulary from the area of the new Europe.

Your Task

Translate the text below in its entirety, paying especial attention to the 'es' constructions, and then compare your version with the master translation on page 123. Note the vocabulary suggestions beneath.

Günter Grass, „Rede über den Standort"

Text

Nicht plötzlich, eher Stück nach Stück brach das östliche Blocksystem zusammen, der Europa trennende Eiserne Vorhang wurde durchlässig, die Mauer zwischen den Deutschen fiel, und mit Erlaubnis der Siegermächte von einst durften wir uns einigen, mehr noch: Fortan konnten wir souverän handeln.

Nur selten bietet die Geschichte solche Gunst. Hinzu kam, daß es im Verlauf dieses beschleunigten Prozesses unblutig zuging. Gewaltfrei gab sich der ostdeutsche Staat auf. Was alles ihm an Unrecht anzulasten ist und wie wenig Gründe sich finden, der DDR Gutes nachzusagen, diese zum Schluß verdienstvolle Haltung sollte unbestritten sein; der Volksarmee und der Volkspolizei sowie ihrer damaligen Führung ist es zu verdanken, daß nicht geschossen wurde. Und wohl auch deshalb riefen die Menschen in Ost und West „Wahnsinn! Das ist Wahnsinn!" – sosehr hatte das Glück sie überrascht.

Doch schon bald entzog uns die Geschichte ihre selten erteilte Gunst. Nein, nicht die Geschichte, wir sind es gewesen, die zugelassen haben, daß das Glück verspielt und die Möglichkeiten einer deutschen Einigung vertan wurden. [...]

Sieben Jahre hatten wir Zeit, uns in neuer Gesellschaft wiederzufinden. Zwar fehlt es nicht an Vorzeigeprojekten nach Bauherrenart, doch die Bilanz aller tatsächlichen und fehlenden Bemühungen sieht dennoch dürftig aus: Zum Standort verkümmert zeigt sich Deutschland der Welt, zudem von einer Hauptstadt beschwert, die von der amtierenden Regierung und ihren Beamten allenfalls bei Zahlung einer Gefahrenzulage bezogen wird. Ernüchtert, einander fremd und allzu belemmert, aber auch fröstelnd, weil ohne sozialen Konsens stehen wir da.

Ein kleiner Trost bleibt dennoch: Zeiten wie diese sind gut für die Literatur. Wo es stinkt, sind Schriftsteller, die auf sich halten, zur Stelle.

Step 3: Vocabulary Work

1 The Language of the New Europe

Your Task: Translate the headlines below, each of which contains key vocabulary from the field of the New Europe. The correct answers are to be found on page 124.

Headlines

1. Zehn Jahre nach der Wende: ernüchternde Bilanz

2. Trotz Währungsunion und Wiedervereinigung

3. **Ost-Erweiterung der EU verlangsamt sich**

4. AUFBAU OST ALS ‚CHEFSACHE' BEZEICHNET

5. **Aus Ostblock werden blockfreie Staaten**

6. Bevölkerungsschwund in den neuen Bundesländern

7. Oppositionsführer nutzt europafeindliche Stimmung

8. Soziale Marktwirtschaft verdrängt kommunistische Zwangswirtschaft

9. **Der Euro geht in den Keller**

10. *Britischer Beitritt zur Eurozone ungewisser denn je*

11. Fischer plädiert für europäische Föderation

12. Der Einfallsreichtum mancher Regierung bei der Erfüllung der Euro-Kriterien erstaunt viele

13. „Gemeinsam den Weg der Versöhnung gehen"

14. Der deutsche Arbeitsmarkt bricht im Januar ein

15. **In Bulgarien vorgezogene Neuwahlen verlangt**

16. Jelzin: Ordnung in Rußland wiederherstellen

17. „Gemeinschaft" der Sowjetrepubliken in „Union" umgebildet

18. **Havel fordert nachbarschaftliches Zusammenleben**

34 The New Europe

UNIT 7 The New Ecology

Step 1: From German Adverb to English Verb/Tense

1 Trial Sentences

The Problem The German language is strongly adverbial, the English markedly verb- and tense-dominated. There are some two dozen German adverbs which are often best translated by an English verb or tense.

Your Task Translate the following sentences into English and then compare your versions with the master answers on page 125. If your answers are all satisfactory, you may opt to omit the next, explanatory stage.

Sentences
1. Der Engländer sah sich gern auf dem Meer, der Deutsche sah sich gern im Wald; knapper ist, was sie in ihrem nationalen Gefühl trennte, schwerlich auszudrücken. ELIAS CANETTI
2. Unsere Produkte sind nach wie vor gefragt.
3. Er steht ohne Mehrheit, ohne Haushalt und ohne Wirtschaftsminister da. Aber er will trotzdem weiterwursteln.
4. Sie ist bekanntlich eine Frühaufsteherin. Vielleicht haben die beiden deshalb andauernd miteinander Krach.
5. Früher hieß es ja, da spielen 22 Leute Fußball, und am Ende gewinnen immer die Deutschen. Mittlerweile sind wir auch schlagbar und damit menschlicher und beliebter geworden. Aber wir sind an einer Grenze angelangt, wo das leicht in Mitleid umschlagen kann. FRANZ BECKENBAUER
6. Wir verlassen uns nunmehr lieber auf andere Lieferanten.
7. Das Phänomen Josef [sic] Conrad ist von der deutschen Leserwelt, welche ja sonst eher vorurteilslos und international eingestellt ist, bisher nur langsam und zögernd erfaßt worden. HERMANN HESSE
8. Ich bin ihm letzte Woche nur zufällig begegnet, es kam, wie es kommen mußte, und jetzt verbringen wir den Urlaub zusammen auf Sizilien!

Beim Übersetzen muß man bis ans Unübersetzliche herangehen; alsdann wird man aber erst die fremde Nation und die fremde Sprache gewahr.

JOHANN WOLFGANG VON GOETHE, *Maximen und Reflexionen* 1056

2 Specimen Sentences in English Translation

Sentences

A. Die Inflation galoppierte weiter. Sie war anscheinend nicht mehr in den Griff zu kriegen.
Inflation continued to spiral. It seemed it could no longer be kept in check.
B. Sie ist nach wie vor meine Lieblingslyrikerin. Mittlerweile schätze ich aber auch ihre Prosa.
She remains my favourite woman poet. But now I have come to appreciate her prose as well.
C. Du bist wohl aus Hamburg, oder? Mit dem Akzent bist du bestimmt aus dem hohen Norden
I guess you're from Hamburg, aren't you? With that accent you're bound to be from the far North.
D. Die Firma stellt keine Motorräder mehr her? – Sie stellt gar nichts mehr her, sie ist in Konkurs gegangen.
The firm has ceased making motorbikes? – It has ceased making anything at all – it has gone into liquidation.
E. Die Deutschen essen weiterhin zu fettig, zu salzig, zu süß und zuviel. Sie feiern andauernd dieses oder jenes mit einem Gelage.
The Germans continue to eat too much fat, too much salt, too much sweet stuff and too much, pure and simple. They are forever celebrating this or that with a blow-out.
F. Voraussichtlich kostet es ihn seine Stelle. Hoffentlich zieht er selber die Konsequenzen. Vielleicht muß er dazu gezwungen werden.
It's likely/liable to cost him his job. Let's hope he takes the consequences himself. He may have to be forced to.
G. Mit diesem neuen Abschluß sind meine Lebensprobleme weitgehend gelöst.
This new degree goes a long way towards solving my problems in life.

Guidelines

1. The two dozen German adverbs often better translated by an English verb or tense are contained in the sentences above and overleaf and/or are tabulated in Appendix B.
2. In the classic instance, such as A above, the adverb – '*weiter*' or '*anscheinend*' – is translated by a verb – 'continued to' or 'it seemed'.
3. In a slightly more complex case, such as the second sentences of B or E, a verb + an English tense is required.
4. It is essential to note that such solutions are *useful options* suitable for these adverbs only. The trick should not, of course, be used for every adverb willy-nilly, nor, on occasion, even for these adverbs.

36 **UNIT** 7 The New Ecology

Step 2: Translating the Language of the New Ecology

Translation Text

The Text — The text below, by the well-known columnist and novelist Elke Heidenreich, has been chosen because it contains both examples of the above and a great deal of relevant vocabulary from the area of the ecology.

Your Task — Translate the text below in its entirety and then compare your version with the master translation on page 125. Note the vocabulary suggestions beneath.

Elke Heidenreich, „Wahnsinn"

Text — Ich denke nicht gern in so alttestamentarischen Dimensionen wie Rache und Auge um Auge, Zahn um Zahn. Aber die Sache mit dem Rinderwahnsinn erscheint mir wie eine gerechte Rache der geschundenen Kreatur, obwohl nun gerade Tiere von Rache gar nichts wissen – sie müssen wohl erst so mißbraucht, gequält und ausgebeutet werden, daß sie dabei zerstört werden und uns in diese Zerstörung mitreißen. Ich habe durchaus noch die Bilder von Ochsen mit gebrochenen Beinen vor Augen, auf die die Männer im Schlachthof mit Eisenstangen einprügeln, weil die Tiere nicht mehr die letzten Schritte zum Schlachten gehen können. Da bekommen die Kühe, die in jämmerlicher Massenhaltung eingepfercht sind, kaum Gras mehr zu fressen, was ihre natürliche Nahrung wäre, sondern Kadavermehl, billig zermahlene andere geschundene Kreaturen. Können Sie sich nur noch mit einem Wahnsinn „wehren", der sich auf uns überträgt? Grimmig denke ich, wie recht uns das geschieht, grimmig denke ich, nun endlich wird vielleicht auch der letzte Trottel begreifen, was wir uns selbst und der Welt antun, wenn fast jeder jeden Tag Fleisch auf seinen Teller häufen muß. Sehen Sie sich die Betriebskantinen und die Gasthäuser doch an – Schnitzel, Kotelett, Roulade, Steak, Gulasch, Frikadellen, sogar noch auf dem Salat Putenbruststreifen, denn Salat allein, das kann ja einfach nicht sein. Wer je gesehen hat, wie verängstigte Puten zusammengepfercht auf blutig-krüppeligen Füßen in ihrer eigenen Scheiße stehen (bei Putenmast: Ausmistung zweimal jährlich, also einmal pro Putenleben), der kriegt kein Stück Putenfleisch mehr runter. Jetzt endlich, jetzt, wo diese schrecklichen Bilder von erkrankten MENSCHEN (und, wohlgemerkt: weißen Westmenschen) durch die Presse gehen, jetzt endlich setzt – vielleicht, hoffentlich! – ein Umdenken ein, wir brauchen ja wohl immer sehr, sehr lange für alles. Aber wenn die

Welt kaputtgeht, wenn es kein klares Wasser und keine reine Luft mehr gibt, wenn auch der letzte Billigtanker sein Öl in unsere Meere geschüttet hat und wenn ganze Landstriche durch Abholzen öde und verwüstet sind, wenn Völker von Seuchen hingerafft werden und die anderen nur noch in Schutzpanzern ins Freie können, weil es keine Ozonschicht mehr gibt, dann vielleicht wird ja irgendeiner kommen und sagen: „Oh, haben wir da etwas falsch gemacht?" Wir sind fett, wir haben Stoffwechselkrankheiten, wir machen Diäten und Fastenkuren, aber wir futtern unsere Teller leer, Fleisch muß möglichst oft darauf sein. Das Elend der Tiere, ihre gnadenlose Ausbeutung, Mißhandlung und Degradierung zur Ware hat uns nur selten gerührt. Jetzt ist der Preis zu zahlen. Mit vollem Recht. Und irgendwann schafft es auch die stumme Natur, auf sich aufmerksam zu machen. Dann aber ist es zu spät. Es gibt Tage, an denen ich sehr froh bin, über 50 zu sein.

Suggestions

geschunden: *tormented*   Schlachthof: *abattoir*
Massenhaltung: *mass husbandry* Kadavermehl: *carcass meal*
Putenmast: *(turkey) fattening* verwüstet: *laid waste*

Step 3: Vocabulary Work

The Language of the Ecology: Ecological Dominoes

Your Task

Translate the essential ecological terms below, which are arranged in 'domino fashion', the last letter of the first word in translation being also the first letter of the second and so on. The numbers in brackets indicate the number of words concerned. The correct answers are to be found on page 127.

Terms

1. Ozon E 2. Naturhaushalt (2) M 3. Umweltministerium (2) T 4. Giftmüll (2) E 5. Umweltgefährdung (2) D 6. Entwässerung E 7. Umweltpolitik (2) S 8. Klärschlamm (2) E 9. Eutrophierung N 10. umweltfreundlich G 11. Grundwasser R 12. Strahlung N 13. schädliche Einleitungen (2) S 14. Smog G 15. Müll (AmE) E 16. Umweltkatastrophe E 17. Umweltzerstörung E 18. extrem giftig (2) C 19. verseucht D 20. Tau W 21. Altöl (2) L 22. Niedrigenergie-Häuser (2) S 23. Sonnen(energie) R 24. Flussbegradigung (3) S 25. Geruchsbelästigung (2) E 26. Autoabgase (2) S 27. (z.B. Energie) sparen E 28. Öko- O 29. Überweidung G 30. Gase S 31. Sondermüll (2) E 32. Umweltschützer (2) T 33. Deponie P 34. Kraftwerk (2) N 35. Einwegflasche (2) E

38 UNIT 7 The New Ecology

UNIT 8 The New Technology

Step 1: Adverbial or Prepositional Nouns

1 Trial Sentences

The Problem Adverbial and prepositional nouns are a common and stylish feature of modern German. A good number of them, however, have no immediate or obvious equivalent in English and thus pose diverse translation problems.

Your Task Translate the following sentences into English and then compare your versions with the master answers on page 127. If your answers are all satisfactory, you may opt to omit the next, explanatory stage.

Sentences
1. Die Ballade als Gattung interessiert sich weder für das Vorher noch für das Nachher des dargestellten Ereignisses.
2. Heinrich Albertz steht jetzt mitten unter denen, die für ein anderes Miteinander kämpfen. HORST-EBERHARD RICHTER
3. – Es gibt kein Zurück mehr. – Es gibt auch kein Vorwärts mehr. – Es gibt das Nicht-Vorwärts und das Nicht-Zurück. – Es gibt den Stillstand, sonst nichts.
4. Das rasche Hin und Her der Flugreisen verwirrt. MARIE LUISE KASCHNITZ
5. Entscheidend ist: Es gibt kein Draußen mehr. Die Welt schließt sich. KARL JASPERS
6. Droht jetzt das Aus fürs Frauenhaus? SCHLAGZEILE
7. Ein ständiges Auf und Ab bei den Geburten? SCHLAGZEILE
8. Um 1800 ändern sich das Wie und das Wozu der Vergegenwärtigung von Vergangenheit durch die Revolution des Historismus. THOMAS NIPPERDEY
9. Was bedeutet Nihilismus? Daß die obersten Werte sich entwerten. Es fehlt das Ziel. Es fehlt die Antwort auf das „Wozu?". NIETZSCHE

Ein Werk der Sprache in eine andere Sprache übersetzt, heißt, daß einer ohne seine Haut über die Grenze kommt und drüben die Tracht des Landes anzieht.

KARL KRAUS, *Aphorismen*

2 Specimen Sentences in German Translation

Sentences

A. Nicht selten bedeutet ein Mehr an Kenntnissen ein weniger an Erkenntnis. ERNST MANDELBAUM
Not infrequently, an increase in knowledge means a decrease in insight.
B. Das Nebeneinander von Terror und Idylle war erschreckend.
The juxtaposition/co-existence of terror and idyll was horrifying.
C. Nur der Dialog garantiert das Miteinander. OCTAVIO PAZ
Only dialogue guarantees togetherness.
D. Ihre Habseligkeiten lagen in einem krausen Durcheinander auf dem Boden.
Her possessions lay higgledy-piggledy on the floor.
E. Beschleunigung sollte das Leben zu einer lückenlosen Folge von Spitzenereignissen machen und das unergiebige Dazwischen ausschalten. MARIANNE GRONEMEYER
Acceleration was supposed to turn life into a seamless sequence of top events and to cut out the unprofitable meantime.
F. Sie erörterten das Für und Wider des Projekts aber lehnten es dann ab. Ohne Wenn und Aber.
They discussed the pros and cons of the project, but then rejected it, without any 'ifs' or 'buts'.

Guidelines

1. With very few exceptions, these German adverbial or prepositional nouns have no immediate equivalent in English, so that substitutes have to be found.

2. A list of suitable alternatives to have at the ready might be:

das Aus *end, closure*	das Dazwischen *the meantime*
das Durcheinander *confusion*	das Gegenüber *the interlocutor*
ein Mehr *an increase*	das Miteinander *community*
das Nachher *aftermath*	das Nebeneinander *juxtaposition*
das Vorher *preceding events*	kein Vorwärts *no way forward*
ein Weniger *a decrease*	das Wie *the manner, the method*
das Wozu *the purpose*	kein Zurück *no way back/going back*

3. The few exceptions to this rule are often noun pairs:
das Auf und Ab *the ups and downs,* Or: *the fluctuation*
alle Einzelheiten *the ins and outs*
das Warum *the whys and wherefores,* Or: *the causes*
ohne Wenn und Aber *without any 'ifs' or 'buts'* Or: *without hesitation*

 The New Technology

Step 2: Translating the Language of Technology

Translation Text

| The Text | The text below, by the one-time leading German politician Oskar Lafontaine, has been chosen because it contains both good examples of the above issue and a range of vocabulary from the area of the history of technology. |

| Your Task | Translate the text below in its entirety and then compare your version with the master translation on page 128. |

Oskar Lafontaine, aus: *Die Gesellschaft der Zukunft*

| Text | Wir Menschen sind lernfähig. Wir sind frei, auf unsere Einsicht die richtigen oder falschen Taten folgen zu lassen. Doch sollten wir eines bedenken: Ein Zurück hinter die technische Zivilisation kann es nicht geben. Nichts gegen eine romantische Naturfrömmigkeit. Wie armselig wären wir, wenn wir die Natur nicht mehr als Schöpfung empfinden könnten, wenn wir vor den lebenden Kreaturen keine Achtung mehr hätten. Doch als Prinzip der Industriegesellschaft taugt die romantische Naturfrömmigkeit wenig, wenn sie nicht auch den technischen Produktionsprozeß zu bejahen vermag. Ohne die Technik zu bejahen, wird man sie ökologischen Kriterien nicht unterwerfen können. Mithin sollten wir uns den Vorstellungen von Günter Ropohl anschließen, der in seinem Buch *Die unvollkommene Technik* dafür plädiert, statt einer neuromantischen Naturfrömmigkeit lieber ein „ökotechnisches" Naturverhältnis zum Grundprinzip der industriellen Gesellschaft zu machen. |

Ein ökotechnisches Naturverhältnis hat zur ersten Bedingung, daß der Mensch die ökologischen Zusammenhänge, die Vernetzung der natürlichen Abläufe mit seinen technischen Mitteln nicht unterbindet oder zerstört. Wir dürfen die Natur nicht scheibchenweise der technischen Unterwerfung ausliefern, sondern müssen die Auswirkungen unseres technischen Eingriffs in die Natur im globalen Zusammenhang sehen. Der technische Zugriff der Menschen auf die Natur muß Grenzen haben. Wo diese Grenzen überschritten werden, schlägt die Natur zurück. Die Menschen im Veltliner Tal zum Beispiel haben dies zu spüren bekommen.

Manche Probleme können durch ein Mehr an Technik gelöst werden, manche durch ein Weniger. Dort aber, wo eine Technik die humane Dimension sprengt, wo sie Entwicklungen auslöst, die die Menschheit festlegen, wo sie die schöpferischen Fähigkeiten des Menschen abstumpft, wo sie die natürlichen Grundlagen menschlichen Lebens zerstört, dort gibt es nur eine vernünftige

The New Technology 41

Lösung: Auf diese spezielle Technik zu verzichten. Auf eine mögliche Technik verzichten? Die Frage klingt in vielen Ohren ketzerisch. Seit Jahrtausenden steht die Technik im Dienste der Menschen. Insbesondere in den letzten hundert Jahren hat sie ihnen mit gewaltigen Errungenschaften zu ungeahntem Höhenflug verholfen – ein Höhenflug im wahrsten Sinne des Wortes, symbolisiert durch die Mondlandung. Über solchen Erfolgen hatten sie vergessen, daß der ikarische Rausch des Höhenflugs zur Selbstzerstörung führt.

Suggestions Naturfrömmigkeit: *reverence for Nature* ikarisch: *Icarus-like*
Höhenflug: (here) *lofty advances*

Step 3: Vocabulary Work

The Language of the post-1989 Economy

Your Task Complete the crossword below, which consists of 23 key terms from the field of the post-1989 economy. The correct answers are to be found on page 129.

Clues
1. Ware
2. unternehmerisch
3. Marktwirtschaft
4. hochspielen
5. Marktwirtschaft
6. Binnenmarkt
7. Planwirtschaft
8. Planwirtschaft
9. Anstieg der Produktivität
10. Profite machen
11. Flaute
12. Überproduktion
13. Rezession
14. Aufschwung
15. kurzfristiger Profit
16. abschotten
17. Protektionismus
18. soziale Gerechtigkeit
19. Wachstumsrate
20. Weiterbildung
21. überhöht
22. Bürokratie erzeugen
23. konkurrenzfähig
Key phrase: In der Welt nach 1989

42 UNIT 8 The New Technology

Translation Theory II History of Translation Studies

Introduction

Translation Studies are both a young academic discipline and an ancient intellectual occupation. With the first translations and the first 'dictionaries' (carved in stone) dating from around 3000 B.C., the first known reflections on the art and craft of translation stem from ancient Rome. Nevertheless, it is really only in the C 20th, and even then predominantly in its second half, that Translation Studies as an independent university subject really emerge.

The Ancients

Several leading Roman writers were also translators – Cicero, Horace, Virgil and Terence among them, the two first-named offering seminal reflections in *De Oratore* and *Ars Poetica*. The first major figure in translation history is Hieronymus (St. Jerome): his Latin version of the Bible – the Vulgate version – was the Bible habitually used for a millennium. Born in a border town, spending long periods in travel, studying languages and then working for years in virtual seclusion, he lived the paradigmatic life of the translator. Like Cicero before him, he called for translation not word-by-word, but sense-by-sense.

Reformation

In the Reformation translation became an existential issue, something to fight, even die for. The vernacular Bible of Luther, and to a lesser extent that of Cranmer, are watersheds in cultural and political history.

Romantic Age

The next great cultural movement to thrive on translation was Romanticism. Many of its major writers, from Coleridge, through Fr. Schlegel to V. Hugo, were also translators. Others such as Novalis and (the admittedly less than Romantic) Goethe and Humboldt reflected memorably on the subject. With Alexander Tytler came the first major book-length study, with Fr. Schleiermacher the first grand theory of the art and craft of translation. The former's set of priorities for translation and the latter's formulation of domesticating and foreignizing strategies are the basis of much that follows.

Imperialism

Translation in the Age of Imperialism tended not just to domesticate but to appropriate – as exemplified in the arch-theorist Wilamowitz-Moellendorf and the (albeit inspired) practitioner Fitzgerald.

The Age of Translation

War is the failure of translation. The World Wars, the Cold War and European integration were a multiple incentive to lexicographers and translators alike. The 'age of translation' dawned in the year 1945. Barely preceded by the first major university courses in the subject and followed by two waves of further foundations, the age saw the lift-off of translation into a substantial industry and of Translation Studies into a fully-fledged discipline. It is a late birth but welcome.

Sages and Ages

I decided to take speeches written in Greek by great orators and to translate them freely...

Cicero (106–43 B. C.)

Man muß die Mutter im Hause, die Kinder auf der Gasse, den gemeinen Mann auf dem Markt darum fragen, und denselbigen auf das Maul schauen, wie sie reden und darnach dolmetschen.

Martin Luther (1483–1546)

Eine Übersetzung ist entweder grammatisch, oder verändernd, oder mythisch. [...] Nicht bloß Bücher, alles kann auf diese drey Arten übersetzt werden.

Fr. von Hardenberg (Novalis) (1772–1801)

Verschiedene Sprachen sind nur ebensoviel Synonymieen; jede drückt den Begriff anders, mit dieser oder jener Nebenbestimmung aus.

W. von Humboldt (1767–1835)

Es gibt keine Muse der Philosophie, es gibt auch keine Muse der Übersetzung.

Walter Benjamin (1892–1940)

Wenn das geschähe, käme man dahin, das Übersetzen in eine Wissenschaft sui generis zu verwandeln, die, dauernd gepflegt, eine eigene Technik herausbilden würde.

José Ortega y Gasset (1883–1955)

44 Translation Theory II

Revision II

Step 1: Revision Sentences

The Material The following eighteen sentences allow you to test the knowledge and skills acquired in the foregoing four units. Each sentence contains one or more of the essential points analysed and practised there.

Your Task Translate the sentences below and then compare your answers with the master answers on page 129. If you find any grave weaknesses in your versions, return to the Unit(s) concerned for a second look.

Sentences 1. Ich habe gern den Kopf oben. ANGELA MERKEL
2. Wie ficht es sich ohne Gegner? Man sieht sich im Spiegel. CLAUS LEGGEWIE
3. Sie hat ihre Geschichten und Personen aus dem diffusen Durcheinander des Lebens scharfkantig herausgerissen, lapidar und poetisch. TANKRED DORST
4. Die britische Auto-Industrie gerät andauernd in Krisen. – Kein Wunder: Das Pfund ist mittlerweile eindeutig überbewertet.
5. Bedeutete die Wahlschlappe das endgültige Aus für seine politischen Ambitionen? Man erörtete das Für und Wider.
6. Früher durfte man Jahre verbummeln, jetzt keinen Tag.
7. In Deutschland wird nicht bestochen. In Deutschland wird beeinflußt. Und was in der Zeitung steht, ist nicht halb so wichtig wie das, was nicht drin steht. KURT TUCHOLSKY
8. Benno, es tröpfelt immer noch im Keller.
9. Seit einigen Jahren wird wieder mehr geheiratet. SCHLAGZEILE
10. Anblick eines Doms – sechshundert Jahre wurde dran gebaut und du genießest in einem Augenblick die Ruhe nach einer sechshundertjährigen Arbeit. HEINRICH HEINE
11. Bereits vor dem Spiel kam es zu Straßenschlachten zwischen den rivalisierenden Fan-Gemeinden.
12. Friede ist, wenn woanders geschossen wird. GABRIEL LAUB
13. Auch in einem Rolls-Royce wird geweint – vielleicht sogar noch mehr als in einem Bus. FRANÇOISE SAGAN
14. Muß mit der Vernunft vernünftig umgegangen werden? Und, falls es müßte, könnte es? HANS BLUMENBERG
15. Es verlangte sie nur noch nach Ruhe und Abgeschiedenheit.
16. Wo gesprochen wird, wird auch gelogen, wo geschrieben wird, auch gemogelt. KURT MARTI
17. Es ist nach wie vor brenzlig.
18. Daß in den Kirchen gepredigt wird, macht deswegen die Blitzableiter auf ihnen nicht unnötig. G. C. LICHTENBERG

Step 2: Revision Translation Text

The Text
The text below, by the economic theorist Helmut Swoboda, has been chosen because it allows revision both of key structures and of essential vocabulary from the foregoing four units.

Your Task
Translate the text below in its entirety and then compare your version with the master translation on page 130.

Helmut Swoboda, „Hat die Zukunft eine Zukunft?"

Text
Es ist, last not least, aber noch darauf hinzuweisen, daß das Ende eines bestimmten Wachstums selbstverständlich nicht auch das Ende *jeglichen* Wachstums bedeutet. Es ist vielmehr so, daß sehr häufig sogar ein Trendkonflikt besteht und dann eben, sei es durch natürliche Entwicklung, sei es durch ökonomische oder politische Entscheidung, *ein* Wachstum gefördert, das damit konkurrierende aber gehemmt wird.

Eine Drosselung etwa der Konsumgüterproduktion würde daher keinesfalls notwendigerweise zum generellen Ende des Wirtschaftswachstums überhaupt, zum Personalabbau, zur Massenarbeitslosigkeit und ähnlichen gefürchteten Erscheinungen führen. Es wird zum Teil darum gehen, durch recht erheblichen Einsatz von Kapital, Material und menschlicher Arbeitskraft Fehlentwicklungen der Vergangenheit zu korrigieren – bildlich gesprochen: da und dort eine Asphalt- oder Betondecke mit viel Mühe wieder wegzureißen, Grassamen zu streuen und den neuen Rasen zu pflegen.

Das Europäische Parlament hat in diesem Zusammenhang einige sehr bemerkenswerte Feststellungen getroffen und dabei auch recht glückliche Formulierungen verwendet.

In diesem Bericht des Ausschusses für Sozial- und Gesundheitsfragen heißt es unter anderem: „Der Umweltschutz eröffnet der Industrie neue Märkte von bisher kaum bekannten Größenordnungen. So wird der Aufwand der chemischen Industrie für Investitionen, Betriebskosten, Forschung, Entwicklung und Umstellung von Produktionsverfahren zugunsten des Umweltschutzes immer größer. [...]"

Grundsätzlich geht es also heute nicht zuletzt darum, wild wucherndes, geradezu krebsartig gewordenes Wachstum abzubremsen und allenfalls in einen Abbauprozeß zu verwandeln, um dadurch bessere Möglichkeiten für jene Art von Wachstum zu gewinnen, das in der gegebenen Situation vordringlicher erscheint. Die Frage lautet somit nicht: „Wachstum oder Stagnation, Fortschritt oder Stillstand?", sondern eher „Konsumwachstum oder Sozialwachstum, mehr materielle Güter oder mehr immaterielle Werte"?

46   Revision II

UNIT 9 Separatism

Step 1: Introducing English '-ing' Constructions

1 Trial Sentences

The Problem The '-ing' construction is an essential feature of English prose. Given the virtual absence of a German equivalent, however, it poses notorious problems for the translator into English. Its several possibilities must be mastered – and equally its several impossible uses recognized.

Your Task Translate the following sentences into English and then compare your versions with the master answers on page 131. If your answers are all satisfactory, you may opt to omit the next, explanatory stage.

Sentences
1. Der Schweizer liebt seine Eisenbahn, 39-mal im Jahr fährt er mit der SBB und legt dabei 1700 Kilometer zurück – Europarekord!
2. Die Katze kletterte den Baumstamm hinauf und verdunkelte für einen Augenblick die Sonne. PETER HANDKE
3. Da ich fast pleite war, mußte ich mit dem Eintopf vorliebnehmen.
4. Er wurde zum Vorsitzenden gewählt, wobei sich mehrere Kollegen allerdings demonstrativ der Stimme enthielten.
5. Als sie die Biegung im Fluß erreichten, schlugen sie ihre Zelte auf.
6. Die unbeschwerte Kindheit endete früh als Tragödie, indem die Mutter sich, als er zwölf war, das Leben nahm, woran er nicht unbeteiligt war.
7. Christine sitzt auf der Veranda neben ihm, barfuß, die Knie wie oft an den Körper gezogen, schält letztes Fruchtfleisch von einem Mangokern, sagt: „Ich weiß. Brenton hat es mir erzählt"
JUDITH HERMANN
8. Die gute Unterhaltung besteht nicht darin, daß man selbst etwas Gescheites sagt, sondern daß man etwas Dummes anhören kann. WILHELM BUSCH

Am schwersten ist es, aus einer Sprache in eine andere das Schweigen zu übersetzen.

HANS KUDZSUS, *Jaworte, Neinworte. Aphorismen*

2 Specimen Sentences in English Translation

Sentences

A. Der Orkan zerfetzte die Nordspitze von Sylt. Er entwurzelte Bäume, zertrümmerte Boote, zerstörte Strandanlagen.
The hurricane ripped through the northern tip of Sylt, uprooting trees, smashing boats and destroying beach facilities.
B. Mark sitzt auf dem Sofa und spricht mit der Waschmaschine.
MAIKE WETZEL
Mark is sitting on the settee, talking with the washing machine.
C. Nachrichten interessierten Thomas Mann im Fernsehen überhaupt nicht; die kurze Information war ihm unheimlich.
KATJA MANN
News on television did not interest Thomas Mann at all, the brief item of information making him uneasy.
D. Der Kampf der Vernunft besteht darin, dasjenige, was der Verstand fixiert hat, zu überwinden. HEGEL
The struggle of reason consists in overcoming what has been fixed by the mind.
E. Während der Prof. von meinen Gedankenblitzen noch taumelte, feuerte ich eine zweite Breitseite ab.
With the prof. still reeling from my flashes of insight I fired off a second broadside.
F. Im Alter von 29 fing sie an, eine fesselnde, sich mittlerweile weltweiter Beachtung erfreuende Autobiographie zu schreiben.
At the age of 29 she began to write a gripping autobiography, which has come to enjoy worldwide recognition.

Guidelines

1. There are some dozen cases where the English '-ing' clause can be successfully introduced in German-English translation.
2. It can elegantly replace a) a full stop, comma, semi-colon or colon b) an 'und' linking two clauses c) a non-defining relative clause d) a 'darin, dass', 'dadurch, dass' etc. clause e) an 'als', 'da', 'während', 'wobei', 'wenn' or 'jetzt wo' clause
3. '-ing' clauses of type e) can also be introduced by 'with', as in E.
4. It is essential that the subject of an '-ing' clause is the same as that of any clause with which it may be linked.
* 'Eating lunch, a fish-bone got stuck in his throat' is nonsense.
5. In sentence F an introductory '-ing' clause is unlikely because an initial 'being' has the sense of 'because'/'since'.
6. The good translator will almost always be able to improve a German-English translation by the skilful use of '-ing' clauses. To fall into pitfalls 4 and 5, however, is as wretched as it is frequent.

Step 2: Translating the Language of Separatism

Translation Text

The Text	The text below, by the well-known journalist Reiner Luyken, has been chosen because it contains both clear possibilities for the introduction of English gerunds and a range of key language from the field of the cardinal postmodern phenomenon, separatism.
Your Task	Translate the text below in its entirety and then compare your version with the master translation on page 132. Note that much vocabulary from the text is to be found in the vocabulary exercise below.

Reiner Luyken, „Schotten, erhebt euch!"

Text	Die Sensation ist perfekt. Die auflagenstärkste Zeitung Großbritanniens ruft zum Umsturz auf. Im Laden ist kein Exemplar mehr zu haben. Vor dem Laden stehen Männer in Gruppen und debattieren. Der Postbote unterbricht seine Runde, stellt den Motor ab und lauscht am Autoradio den Nachrichten der BBC. Die *Sun*, das aggressive Massenblatt mit der Millionenauflage, die vulgäre Verkörperung groß-britannischen Chauvinismus und frankophober Verunglimpfung des Kontinents, hat sich in Schottland auf die Seite der Scottish National Party (SNP) geschlagen – jener Partei, die die Auflösung des vereinigten Königreichs betreibt. Reißt der Strom des Nationalismus nach der Sowjetunion und Jugoslawien nun die Insel in Stücke?

„Erhebt euch", fordert das ganzseitig mit der blauweißen Nationalflagge eingefärbte Titelblatt von seinen schottischen Lesern, „und ersteht wieder als Nation!" Darunter: „Warum Schottland unabhängig werden muß". Auf sieben Sonderseiten begründet die Glasgower Ausgabe des Millionenblattes aus Rupert Murdochs australisch-britisch-amerikanischem Presseimperium, warum die Stunde gekommen sei, „die Ketten der Union abzuwerfen". Ein Professor Barrow, Lehrstuhlinhaber für schottische Geschichte an der Universität Edinburgh, entlarvt die korrupten Ränke des Adels, der 1603 die Vereinigung der Königshäuser und 1707 die Union des schottischen mit dem englischen Parlament einfädelte. Der Leitartikel konstatiert, die Ehe der beiden Länder sei derart zerrüttet, „daß sie nicht mehr zu retten ist". Und auf Seite 5 werden die tiefsten Quellen des Nationalstolzes angezapft: „Unsere Fähigkeiten werden auf der ganzen Welt bewundert." Als Beispiele für die Überlegenheit der schottischen Rasse dienen Neil Armstrong, der erste Mann auf dem Mond, Lulu, eine mir bislang unbekannte Popsängerin, etliche (auch mir bekannte) Fußballstars und natürlich Sean Connery, der 007-Superstar, kürzlich zum „erotischsten Mann der Welt" gewählt.

Separatism 49

55 Prozent der Bürger dieser Nation, die als Staat nicht existiert, wollen ihre Unabhängigkeit, ergab eine Meinungsumfrage des *Glasgow Herald*. In Inverness, der Bezirkshauptstadt des Hochlandes, verkündete der Wirt der „Haugh Bar", daß er fortan Engländern den Zutritt zu seinem Pub verwehren werde, „bis zu dem Tag, an dem wir unsere Freiheit errungen haben". In Edinburgh organisierte die Tageszeitung *The Scotsman* eine Debatte: „Schottland am Scheideweg". Der Andrang war riesig, BBC Scotland übertrug die Debatte in voller Länge. Der Nationalistenführer Alex Salmond wurde bejubelt wie ein Boxer in der Arena.

Step 3: Vocabulary Work

The Language of Independence Movements

Your Task Complete the crossword below, which consists of key terms from the area of separatism. The correct answers are to be found on page 133.

Clues
1. Umsturz
2. Unabhängigkeit
3. begrenzte Unabhängigkeit
4. Volksbefragung
5. stürzen
6. Zentralismus
7. verwalten
8. Föderalismus
9. anglophob
10. Überlegenheit der Rasse
11. Chauvinismus
12. in die Unabhängigkeit entlassen
13. Entbehrung
14. sich unterwerfen
15. schlechtweggekommen
16. übermächtig
17. Ressentiment
18. unhaltbar
19. einfädeln
20. Quellen anzapfen
21. Emotionen anheizen
22. in Stücke reißen

Crossword

Key Phrase: „Erhebt euch und ersteht wieder als Nation!"

50 Separatism

UNIT 10 Feminism

Step 1: Translating the Advanced Subordinate Clause I

1 Trial Sentences

The Problem Of the 70–80 standard subordinate clauses in contemporary German, many have a clear equivalent in English. Those which do not, however, repeatedly prove to be pitfalls for the unprepared or unwary.

Your Task Translate the following sentences into English, comparing your versions with the master answers on page 133. Even if your answers are all satisfactory, it may be worthwhile to do the following stage also.

Sentences 1. Sowenig die Günderode sich einordnen läßt in eine der Definitionen der Literaturgeschichte – „Frühromantik", „Klassik" – so wenig ist sie denkbar ohne den geistigen Kontakt mit denen, die um die Jahrhundertwende in Jena die neue literarische Richtung ausmachten. CHRISTA WOLF
2. Vorurteile: vorläufige Urteile, insofern sie als Grundsätze angenommen werden. IMMANUEL KANT
3. Je länger ich unsere politische Klasse in Bonn und Berlin beobachte, desto mehr fürchte ich, eines Tages so zu werden wie sie. GREGOR GYSI
4. Sie müssen, so sie ihn noch haben, um ihren Arbeitsplatz fürchten. REGINE HILDEBRANDT
5. Die Zukunft kann glänzend oder düster sein, je nachdem wie wir mit unserem Planeten umgehen.
6. Gesetzt den Fall, unser Lieferant wird bestreikt, was dann?
7. Es gab damals eine Hitzewelle, wie ich sie noch nie erlebt hatte.
8. So leicht sie Fremdsprachen lernte, so schwer fiel ihr die Wirtschaftswissenschaft. Was ihre Berufsperspektiven anging, blieb sie jedoch recht optimistisch.

Es geht mit der Übersetzung eines Buchs, wie Sie von dem Kopieren eines Gemäldes sagen: man lernt beide durch die Nachbildung erst recht kennen.

J. W. V. GOETHE an Heinrich Meyer 3./9. März 1796

2 Specimen Sentences in German Translation

Sentences

A. Lehrt uns nicht unser Leben, daß die Grausamkeit in dem Maße zunimmt, als die Grausamkeit des einzelnen Menschen abgenommen hat? ROBERT MUSIL
Does our life not teach us that cruelty increases in the same measure as the cruelty of the individual has decreased? Or: ... according as ...
B. Die meisten Menschen denken desto mehr an sich, je weniger sie von sich sprechen. RICARDA HUCH
Most people think about themselves the more, the less they speak about themselves.
C. [Wir waren] katholisch, wie ganz Westfalen überwiegend katholisch ist. HANS-OTTO BRÄUTIGAM
[We were] Catholic, just as all Westphalia is predominantly Catholic.
D. Falls der Solidaritätszuschlag nicht weiter bezahlt wird, erleidet die Wirtschaft in den neuen Bundesländern Schiffbruch.
Unless the Solidaritätszuschlag continues to be paid, the economy in the new federal states will hit the rocks.
E. Falls es kühl wird, nehme ich meinen Pulli mit.
In case it turns chilly, I'll take my pullover.
F. Vorausgesetzt, dass Sie sich mäßigen, können Sie noch ein langes Leben haben.
Provided that you moderate your ways, you can still enjoy a long life.

Guidelines

Basic English subordinate clauses are dealt with in the *Grundkurs*, Unit 21. On this level the following need also to be mastered:

A. <u>Causal/Conditional</u>
es sei denn, dass *unless*
falls ... nicht *unless* (D)
falls *if*
falls (prophylaktisch) *in case* (E)
gesetzt den Fall, dass *supposing that, assuming that*
je nachdem, ob *depending on whether*
sofern/so *if*
sowenig *little as ...*
vorausgesetzt, dass *provided that, providing that* (F)
weshalb *which is why*
je ... desto/je *the more ... the more*
je weniger *the less ... the less*
so ... so *as ... as*; or: construction with *is matched by* – see above

B. <u>Modal</u>
(so) wie *just as, such as* (C)
außer, wenn/daß *unless*
insofern/insoweit (...) als *insofar/ inasmuch as*
in dem Masse, als *in the same measure as* (A)
was ... betrifft/angeht usw. *as far as ... is concerned*

Step 2: Translating the Language of Feminism

Translation Text

The Text
The text below, by the literary and social critic Gertrud Lehnert, has been selected because it contains both good examples of the structures above and a classic feminist argument elegantly expressed.

Your Task
Translate the text below in its entirety and then compare your version with the master translation on page 134.

Gertrud Lehnert, aus: „Mit dem Handy in der Peepshow"

Text
Frauen werden angesehen, Männer sehen an. Männer inszenieren sich *durch* ihre Blicke, Frauen inszenieren sich *für* die Blicke der Männer. Nur wer außen ist, kann ansehen, weil er Distanz zum anderen und zu sich selbst hat. Angesehen zu werden bedeutet, keine Distanz zu sich zu haben, aber vom anderen auf die Distanz gehalten zu werden; es bedeutet letztlich, innen zu sein. Der Flaneur, jener neue Typus des 19. Jahrhunderts, vereint in sich die Macht des Blicks und die unaufhörliche Bewegung im Außen der Großstadt; beides ist männlich konnotiert – es gibt keine weiblichen Flaneure. [...]

Der Flaneur wendet die Erfahrung der Isolierung in der Menschenmenge ins Positive und macht sie zum Inbegriff des modernen Lebens. Er sucht die Masse, um sich in ihr hochmütig allein zu fühlen. Bei aller scheinbaren Ziellosigkeit ist er doch Agent des eigenen Lebens, das sich in den Blicken verwirklicht. Denn dem Flaneur gelingt es, sein Kommunikationsbedürfnis zu reduzieren auf die flüchtigen Blicke, die er mit anderen, Unbekannten, wechselt. Charles Baudelaire schreibt, so wie die Luft das Element des Vogels sei, sei die Masse das Element des Flaneurs. Er lebe im Wogen der Menschenmenge, in der Bewegung, im Flüchtigen und Unendlichen. [...]

Damit erhält auch die traditionelle romantische Liebe ein neues Gesicht. Bislang war damit eine leidenschaftliche, ausschließliche und das Ich völlig unterjochende, aber unmögliche, das heißt, nicht lebbare Liebe gemeint (meistens verzichten die Liebenden aufeinander, manchmal stirbt einer von beiden). Ihre Zeitdauer war nicht festgelegt: eine romantische Liebe dauert unter Umständen ein Leben lang, denn gerade die unaufhörliche Ungestilltheit des Gefühls bedingt seine Unsterblichkeit. Die neue Großstadtsituation und die Existenzform des Flaneurs, die einander bedingen, bringen eine neue Form der romantischen Liebe auf den ersten

Blick hervor: Zwei unbekannte Menschen begegnen sich in der Menschenmenge, blicken einander an, und in diesem Blick entzündet sich ein leidenschaftliches Begehren, entzündet sich eine Liebe, die im Bruchteil von Sekunden ihre Bahn in der Imagination durchläuft – und dann ist es vorüber. Keine Dauer wird mehr angestrebt, kein „Verweile doch, du bist so schön", wie es noch bei Goethe heißen konnte, lenkt mehr von der reinen Gegenwärtigkeit ab, die zum Signum der (männlichen) Moderne geworden ist.

Suggestions

Flaneur: *flâneur*   ist ... konnotiert: *has a ... connotation*
unterjochen: *to subjugate*   Ungestilltheit: *unrequitedness*

Step 3: Vocabulary Work

The Language of Feminism: The Dominoes of the Women's Movement

Your Task

Translate the essential feminist words and terms below, which are arranged in 'domino fashion', the last letter of the first word being also the first letter of the second and so on. The numbers in brackets indicate the number of words concerned. The correct answers are to be found on page 135.

Terms

1. Suffragette **E** 2. Auspowerung **N** 3. Kleinfamilie(2) **Y** 4. Babyjahr (2) **F** 5. Feministinnen **S** 6. Wahlrecht **E** 7. Befreiung **N** 8. neue Frau (2) **N** 9. Windeln **S** 10. unterdrücken **S** 11. Urlaubsjahr (2) **R** 12. eigenes Zimmer (4) (Virginia Woolf) **N** 13. 'Woman is the (4)' (John Lennon) **D** 14. dezentralisieren **E** 15. Ausübung (eines Berufs) **N** 16. gewaltfreier Widerstand (2) **E** 17. ökonomisch benachteiligt (2) **D** 18. Domestizität **Y** 19. Metapher für *condition féminine* im Patriarchat (2) **R** 20 Freiheit in der Familienplanung (2) **M** 21. Vergewaltigung in der Ehe (2) **E** 22. Erotik **M** 23. Matriarchat **Y** 24. weibliche Lebenskraft (taoistische Philosophie) **N** 25. mit anderen Frauen solidarisch kommunizieren **K** 26. Familienbeziehungen/bande (2) **S** 27. alleinerziehende Mutter (2) **R** 28. radikaler Feminismus (2) **M** 29. Männer(vor)herrschaft (2) **E** 30. Lohngleichheit (2) **S** 31. Sexismus **M** 32. Mutterschaft **D** 33. Doppelmoral (2) **D** 34. „häusliche Pflichten" (2) **S** 35. Frauensolidarität **D**

UNIT 11 Fundamentalism

Step 1: German Structures with No Noun Subject II

1 Trial Sentences

The Problem — In addition to the classic German clauses with no noun subject dealt with in Unit 5, there are further no-noun constructions in German with additional complications that must also be mastered.

Your Task — Translate the following sentences into English and then compare your versions with the master answers on page 135. If your answers are all satisfactory, you may opt to omit the next, explanatory stage.

Sentences
1. Gegen gut bezahlte Anwälte ist schwer anzukommen.
DANIELA DAHN
2. Wie in New York verlautet, ist mit einem Einsatz der internationalen Friedenstruppe in „absehbarer Zukunft" nicht zu rechnen.
3. Fest steht, daß die Philosophie den neuen Auftrag nur in engster Fühlung mit den Naturwissenschaften angreifen kann.
HANS JONAS
4. Mit einem Vulkan ist nicht zu reden. F. G. JÜNGER
5. In München wird sich zeigen, ob Privatfernsehen funktioniert.
SCHLAGZEILE
6. Vor Taschendiebstahl und Raubüberfällen sei gewarnt.
7. Hier wird nicht gemeckert!
8. Dieses Thema ist uns geblieben. Dem sich anhäufenden Reichtum antwortet die Armut mit gesteigerten Zuwachsraten. Davon wird in Zukunft zu erzählen sein. GÜNTER GRASS
9. Beiläufig sei schon an dieser Stelle vermerkt, daß auch die sozialen und wirtschaftlichen Umschichtungen, die in Großbritannien im Laufe der letzten Jahrzehnte eingetreten sind, einer imperialen Politik den Boden entzogen haben. KARL HEINZ ABSHAGEN

> I have always maintained that extreme faithfulness in translation results in extreme unfaithfulness.

JACQUES DELILLE, Preface to translation of Virgil's *Georgics*

2 Specimen Sentences in English Translation

Sentences

A. In London verlautete, daß die lang erwarteten Neuwahlen am 1. Mai stattfinden würden.
In London it was announced that the long-awaited general election would be held on 1 May.

B. Atomkraftwerke: Sicher ist, daß nichts sicher ist.
Nuclear power stations: what is certain is that nothing is certain.

C. Mit allem Nachdruck sei hier betont, daß diese Vorgehensweise mit nicht zu übersehenden Gefahren verbunden ist.
May it be stressed here with all possible emphasis that this procedure involves dangers that cannot be overlooked.

D. Um Schonung wird gebeten.
Please treat with care/ with consideration.

E. Der jüngste Nationalismus: Europa. Vor einem europäischen Chauvinismus wird gewarnt. LUDWIG MARCUSE
The latest nationalism – Europe. Beware of a European chauvinism.

F. Am Bettwäschemarkt ist nicht gut ruhen. SCHLAGZEILE
There's no relaxing on the bed linen market

G. Auf hohlen Köpfen ist gut trommeln. KARL HEINZ DESCHNER
It's easy to drum on a hollow head.

H. Wozu erzogen werden sollte SCHLAGZEILE
What people should be educated into

Guidelines

1. The essential point to recognise here – as in Unit 5 – is that the sentence with no noun subject is wellnigh impossible in English. Therefore, again a subject must be discovered or invented – even if, as in many cases, it is that most humble of subjects, 'it'.

2. The sentences above and overleaf gather together the most frequent of these instances and solutions. They are:
a) *... verlautete ...*: it was announced
b) *vor einer Sache wird gewarnt*: beware of
c) *... ist nicht gut + inf.*: there's no ... / it's not easy to
d) *Fest steht + Kolon*: What is certain is ...
e) *Um etwas wird gebeten*: Please ...

3. Equally, the frequent sentence openings à la 'Hier sei noch angemerkt ...' require a construction including 'it': 'It should also be noted here that ...'.

UNIT 11 Fundamentalism

Step 2: Translating the Language of Fundamentalism

Translation Text

The Text The text below, by the distinguished theologian and moral critic Stephan Pfürtner, has been chosen because it contains both good examples of the structure at issue and much relevant language from the field of (American) fundamentalism.

Your Task Translate the text below in its entirety and then compare your version with the master translation on page 136. Note that some of the key terms involved are to be found in the vocabulary exercise beneath.

Stephan Pfürtner, „Fundamentalismus"

Text Zunächst ist zu beachten, daß der Fundamentalismus und die Sprache darüber religiösen Ursprungs ist. In den siebziger Jahren des 19. Jahrhunderts entwickelte sich aus Bibelkonferenzen von protestantischen Kirchen Nordamerikas eine Bewegung, die den überkommenen Bibelglauben durch die Moderne bedroht sah. Inhaltlich lautete ihre Parole: Zurück zu den Fundamenten! „The Fundamentals: The Testimony to the Truth" hieß dann auch die Schriftenreihe, die mit zwölf Bänden von 1910–1912 erschien. Die Serie erhielt mit einer Millionenauflage eine erhebliche Breitenwirkung. Dennoch ist der Fundamentalismus, von dem heute gesprochen wird, eine moderne Erscheinung. In seiner spezifischen Ausprägung und Inhaltlichkeit ist er durch die moderne Geschichte der Industriegesellschaft mit ihrem Wissenschafts- und Technologiefortschritt entstanden.

Denn daß es zu der großen Resonanz der fundamentalistischen Bewegung in den Vereinigten Staaten kam, lag nicht zuletzt an deren gesellschaftlichen Entwicklungsprozessen im vorigen Jahrhundert. Die Lebensverhältnisse ländlicher Siedler wurden immer mehr durch die Verstädterung im Rahmen des Industrialisierungsprozesses verändert. Die frühere Agrargesellschaft, die noch für eine breite Bevölkerungsschicht der Vereinigten Staaten bis dahin bestimmend war, ließ sich in ihrer engen Systemverflechtung von Familie und Schule sowie bürgerlicher und kirchlicher Gemeinde nicht mehr unangetastet erhalten. Mit ihm geriet das feste Gefüge von Religion, Recht, Brauchtum, Erziehung und Moral ins Wanken. Die säkularisierte Gesellschaft war angezeigt. Sie stellte durch ihre Lebensart die alte ländliche gründlich in Frage. Wie breit der Bevölkerungsanteil war, der sich dadurch verunsichert fühlte, zeigt der Zulauf, den die Fundamentalisten bald erhielten. Einige der schon bestehenden Gemeinschaften, wie die Mormonen oder die Hutterer, hatten schon längst mit äußerer

Fundamentalism 57

Abgrenzung ihrer Gemeinwesen und Mitglieder gegen die übrige Gesellschaft reagiert. [...]

Worin die Bewegung diese Fundamente erblickte, deuten ihre fünf Programmpunkte an. Zuerst ging es ihr um die Irrtumslosigkeit und Zuverlässigkeit der Bibel, und zwar in ihrem Wortlaut (Verbalinspiration), danach um die Jungfrauengeburt sowie um das stellvertretende Sühnenopfer, die Auferstehung und die Wiederkunft Christi. Jeder der Punkte wäre eine eigene Erläuterung wert. An deren Verteidigung wird deutlich, worin die Anhänger oder Sympathisanten sich angegriffen fühlten und was die Moderne für die bedeutete.

Step 3: Vocabulary Work

The Language of Fundamentalism

 Your Task

Complete the crossword below, which consists of key terms from the word-field of fundamentalism. The correct answers are to be found on page 137.

Clues
1. Sektierertum
2. Anhänger
3. Verdammnis
4. wörtliche Bedeutung
5. Märtyrer
6. Ritualismus
7. Guru
8. Wiederkehr Christi
9. Unfehlbarkeit
10. der/die Bekehrte
11. Eiferer
12. charismatisch
13. Fanatiker
14. Parole
15. Häresie
16. unwiderlegbar
17. unbefleckte Empfängnis
18. Freikirchler
19. Auferstehung
20. prinzipienreiterisch
21. Sühne
22. Anziehungskraft
23. Abfall vom Glauben
24. Gemeinde
25. Frömmler(in)

Key Phrase: eine Zuflucht vor dem Beunruhigenden

58 UNIT 11 Feminism

UNIT 12 Postmodernism

Step 1: Translating Complex Prepositions

1 Trial Sentences

The Problem Of the vast array of prepositions in the German language, many have close equivalents in English. The some 30–40 which do not, however, need to be treated with great care, especially because several have two or more translations, depending on context.

Your Task Translate the following sentence pairs/groups into English and then compare your versions with the master answers on page 137. Even if your answers are all satisfactory, it may be advisable to deal with the further examples overleaf.

Sentences
1. a) „Ich warte bis elf. Punkt elf. Dann düse ich ab."
b) „Bis morgen wird der Regen sicher aufgehört haben."
2. a) Das Verhalten ist nicht ihrem Charakter gemäß.
b) Jeder soll seinen Mitteln gemäß beitragen.
c) Die Siedler mußten streng dem Sittengesetz gemäß handeln.
d) Er zog sich auf die Insel zurück, um der Natur gemäß zu leben.
3. a) Besonderer Umstände halber kann er nicht unter uns sein.
b) Der Einfachheit halber lassen wir es weg.
4. a) Infolge langjähriger Krankheit blieb ihr letzter Roman ein Torso.
b) Infolge von Nebel hat das Flugzeug Verspätung.
5. a) Laut Befehl mußte das Dorf unverzüglich geräumt werden.
b) Laut Berichten gab es mehrere Verwundete und elf Tote.
6. a) Kraft seines Amtes nahm er an der Sitzung teil.
b) Kraft des Gesetzes wurde er zum Tode verurteilt.
7. a) Sie faßten den Entschluß bei einem Glas Wein.
b) Sie promovierten beide bei Prof. Dr. Moderhaupt.
c) Bei all seinen Schwächen ist er ein guter, humaner Chef.

Das Übersetzen ist in besonderem Maße eine Sache des Charakters, nämlich des altruistischen Charakters.

KARL DEDECIUS, *Vom Übersetzen.* Suhrkamp, Frankfurt/M. 1986

2 Specimen Sentences in English Translation

Sentences

A. a) Bis wann mußt du deine Arbeit einreichen?
By when must you submit your paper?
b) Ich warte draußen vor der Mensa bis 13.15 Uhr.
I'll wait in front of the canteen until 1.15.
B. a) Auch (?)angesichts/im Angesicht des Todes beharrte er in seinem Unglauben.
Even in face of death, he persisted in his disbelief.
b) Angesichts der unwiderlegbaren Tatsachen trat er zurück.
In view of the incontrovertible facts he resigned.
C. a) Laut Vorschrift durfte in dem Raum nicht gefeiert werden.
By regulation no celebrations could be held in the room.
b) Laut Zeitungsberichten kam es wieder zu Ausschreitungen.
According to newspaper reports, there were further excesses.
D. a) Ihrem letzten Wunsch zufolge fand das Begräbnis im engen Familienkreis statt.
In line/accordance with her last wishes, the burial was a strictly family affair.
b) Pressemeldungen zufolge kam es in den späten Abendstunden zu heftigen Auseinandersetzungen.
According to press reports, there were heated arguments in the late evening.

Guidelines

1. Assembled above and overleaf are the prepositions with which translators into English have perhaps the greatest problems.

2. In each case, it is important to distinguish between the different meanings and/or contexts of the original German words, the most confusing of which are as tabulated below:
angesichts: referring to the past/present – *in view of*
referring to the future (= *im Angesicht von*) – *in face of*
bis: referring to any point in time up to and including a final point – *by*
referring to a duration up to a final point in time – *until*
gemäß: with means – *according to*; with character – *in keeping with*
with contract – *in accordance with*; with Nature – *in harmony with*
infolge (von): *on account of, owing to, due to*. Note that 'due to' can strictly speaking be used only after the verb 'to be'. Hence: 'The train's delay was due to fog.' Or: 'Owing to fog the train was late.' But not *'Due to fog the train was late' / *'Train delayed due to fog.'
kraft: with an office – *by dint of*; with a law – *by force of*
laut: referring to a report (which may be incorrect) – *according to*
referring to an order – *by*
zufolge: referring to a wish – *in line with, in accordance with*
referring to a report, which may be incorrect – *according to*

60 **UNIT** 12 Postmodernism

Step 2: Translating the Language of Postmodernism

Translation Text

The Text

The text below, by the social and literary critic Peter Kemper, has been chosen because it contains both examples of complex prepositions in use and a wealth of language from the field of the analysis of the postmodern condition.

Your Task

Translate the text below in its entirety and then compare your version with the master translation on page 138.

Peter Kemper, „‚Postmoderne' oder der Kampf um die Zukunft"

Text

Unsere Kultur gleicht einem Karussell, das sich immer schneller dreht und jeden Moment in Stücke zu fliegen droht. Passagiere und Passanten gleichermaßen werden von einem Schwindelgefühl erfaßt. Der Boden sicherer Gewißheiten beginnt zu schwanken, Haltsuchende – vom verführerisch bunten Wirbel gelähmt – versinken in der Bodenlosigkeit der Ereignisse.

Wäre die Metapher der „betäubenden Rummelplatzatmosphäre" nicht hoffnungslos veraltet in bezug auf den Zeichen-Wirrwarr hochtechnischer Zivilisation, sie könnte das neue „postmoderne" Lebensgefühl veranschaulichen. Dabei meint die Rede von der „Postmoderne" nicht allein eine Epoche *nach* der Moderne, sie ist vor allem ein diagnostischer Reflex auf das offenkundige Scheitern der „großen Erzählungen" (Lyotard) von Aufklärung und Emanzipation, auf die „Vertrauenskrise" gegenüber Technik und Wissenschaft (Eco).

Beispiele gibt es genug: Angesichts einer rational nicht mehr begründbaren Hochrüstung in den Industrienationen, der drohenden Gefahr der Selbstauslöschung der Gattung Mensch, angesichts des wachsenden Mißtrauens gegenüber öffentlich „inszenierter" Politik mit ihren Medienritualen und -skandalen, angesichts einer Umweltzerstörung globalen Ausmaßes zugunsten ungebremsten Fortschritts und Wachstums, angesichts all dieser Phänomene grassieren grundsätzliche Zweifel, ob die *Vernunft*, die verschiedenen Rationalitäten in Wissenschaft, Kunst und Politik, in Geschichte und Gesellschaft noch wirksam sein können. Trifft „Kritik" überhaupt noch ihren Gegenstand? Wo gibt es inmitten all der Verweisungen und Vernetzungen noch eindeutige Kriterien von Wahrheit? Zählt wirklich das bessere Argument oder der „Wille zur Macht"? Sind die sozialen Verregelungen, die Zerfaserungen sprachlicher Kommunikation in geräuschvolles Gerede, so universal geworden, daß alle Widerstandspotentiale längst in das System integriert werden?

Postmodernism 61

Die „postmoderne" Wendung der altbekannten These vom „eindimensionalen Menschen" (Marcuse) liegt darin, daß man nicht länger um Sinn- und Orientierungsverluste trauert, sondern vielmehr *offensiv* eine bunte Vielfalt von Erklärungen, Deutungsmustern, Methoden, Techniken, Theorien und Lebensformen propagiert. Ein fröhlicher Tanz auf dem Vulkan, ein spielerischer Zynismus gegenüber der eigenen Ohnmacht und Ernüchterung macht die Runde.

Step 3: Vocabulary Work

The Language of Postmodernism

Your Task

Translate the word constellations below, which are made up of some of the key terms from the thought and description of postmodernism. Correct translations are to be found on page 139.

Terms

Formen und Stile
Plagiat *Vielfalt*
Pastiche **Parodie**
Hybridität COLLAGE
multimedial
Sprachspiele
GENRE-BRÜCHE

Vergangenheitsbezogenheit
Musealisierung
Erschöpfung
Intertextualität
Zitat- und Verweischarakter

Weltbild
Scheitern der großen Erzählungen
Absage an Eindeutigkeiten
In-Frage-Stellen von dominanten Wertmaßstäben

Ton
verspielt   ironisch
provokativ
apokalyptisch
Unterwanderung
locker

philosophische Vorlieben
Neo-Pragmatismus
Erkenntnisskepsis
epistemologische Krise
Kritik am Projekt der Aufklärung

Kunst- u. Literaturauffassung
Repräsentationskrise
Subkulturen Meta-Ebene
EXPERIMENTIERFELD
metafiktional
Selbstreflexivität

Zeitebenen
Gleichzeitigkeit des Ungleichzeitigen
Zeitreisen

Sinnstiftung?
Absage an umfassende Erklärungen
ORIENTIERUNGSVERLUST
Dehierarchisierung

62 UNIT 12 Postmodernism

Translation Theory III Issues of Equivalence

Introduction

'Equivalence' has become one of the central terms in Translation Studies. A characteristic definition of translation, for example, runs: 'Translating consists in producing in the receptor language the closest natural equivalent to the message of the source language, first in meaning and secondly in style' (Nida, 1975, p. 33). The term, however, is by no means unproblematic or uncontroversial.

A Logical Conundrum

What is equivalence? It is typically defined as that relationship between source text and target text which enables one to see the latter as a translation of the former. This amounts, however, to a circular argument: equivalence is defined in terms of translation, but translation is defined, as above, in terms of equivalence.

A Question of Degree

Secondly, if something 'equivalent' is something which is 'virtually the same thing, tantamount, corresponding' (OED), then equivalence in translation will be a question of degree, of extent – of approximation to a goal to be aimed at but rarely, if ever, achieved. Equivalence is 'influenced by a variety of linguistic and cultural factors and is therefore always relative' (Baker, 1992, p. 6).

Types of Equivalence

Thirdly, as Nida's formulation itself suggests, there are various types of equivalence, indeed in modern Translation Studies a wide variety of types. Perhaps the most useful terms are

Referential equivalence: two words/phrases refer to the same object in the real word – 'Herzschrittmacher' and 'heart pace-maker'.
Connotative equivalence: two words evoke similar associations in the reader – 'Tohuwabohu' and 'hullabaloo', perhaps.
Text-normative equivalence: two words/phrases occur in similar contexts – 'Mit freundlichen Grüßen' and 'Yours sincerely/faithfully'.

The Absent Equivalent

Even this, however, is linguistically and philosophically problematic. It is objected, for example, that few words have a real equivalent in another language. W. von Humboldt wrote: 'Man hat schon öfter bemerkt, und die Untersuchung sowohl, als die Erfahrung bestätigen es, dass, so wie man von den Ausdrücken absieht, die bloss körperliche Gegenstände bezeichnen, kein Wort Einer Sprache vollkommen einem in einer andren Sprache gleich ist.' (Störig, 1969, p. 80) Every language creates its own world of ideas, with its own oceans of associations and its own firmament of feelings.

Just consider the difficulty of translating, on the foregoing pages, even such apparently straightforward words as 'Bombennächte', 'Not', 'Dramaturg' and 'Feuilletonist'. These examples show the frequent need to find two-for-one equivalents, cultural equivalents or even periphrases.

Translation is thus often seen as an activity involving losses, as at best an act of damage limitation. It should not be forgotten, however, that translation can also bring substantial gains, even improvements.

Tytler

One of the best early formulations of the goal(s) of equivalence is that of Alexander Tytler, who suggested in his *Essay* of 1790 (Lefevere, 1992, p. 128)

'I.That the Translation should give a complete transcript of the ideas of the original work.

II. That the style and manner of writing should be of the same character with that of the original.

III. That the Translation should have all the ease of original composition.'

These goals, Tytler argues, are also to be understood as a hierarchy of priorities.

Savory

More recently, T. H. Savory (1957) has suggested that a translation should be the sensitive answer to three questions asked of the original text: 'What does the author say?', 'What does he mean?', 'How does he say it?' Hence in the following sentences

Er ist über den Berg.
A. **He is over the hill.
B. * He is out of difficulty.
C. He is out of the wood.

Ich sehe keinen roten Faden
A. ** I don't see any red tape.
B. *I see no clear line of thought.
C. I can't find any thread (running through this).

translations A answer only the first question and arrive at disastrous 'false friend' mistranslations; translations B answer the first and second questions and arrive at least at a rendering of the meaning; but only translations C, by answering all three questions and rendering an idiom by an idiom, can be considered usefully equivalent translations.

Conclusion

Such formulations seem useful guidelines for the translator on any level. They demonstrate that the quality of a translation depends not on its being or not being equivalent to the source text, but on which type of equivalence it reveals and to what extent it exhibits it. The translation theorist, like the translator, can be at a loss for words. Yet, 'I gotta use words when I talk to you'. The pragmatic usefulness of the above guidelines suggests that for all its difficultuies 'equivalence' can be a viable concept. One is tempted to side with Stecconi: 'Equivalence is crucial to translation because it is the unique intertextual relation that only translations, among all conceivable text types, are expected to show' (in Baker, 1998, p. 80).

Revision III

Step 1: Revision Sentences

The Material The following sentences allow you to test the knowledge and skills acquired in the foregoing four units. Each sentence contains one or more of the essential points analysed and practised there.

Your Task Translate the sentences below and then compare your answers with the master answers on page 140. If you find any grave weaknesses in your versions, return to the Unit(s) concerned for a second look.

Sentences 1. Es war einer der heißesten Tage des Jahres. Die Hitze lag wie Blei über dem Friedhof und quetschte den nach einer Mischung aus fauligen Melonen und verbranntem Horn riechenden Verwesungsbrodem in die benachbarten Gassen. PATRICK SÜSKIND
2. Bei aller Vielfalt der Formen und Gehalte läßt das zeitgenössische englische Drama doch den Schluß zu, daß mit den alten Theaterkonventionen recht gründlich aufgeräumt worden ist. HORST OPPEL
3. In Bonn verlautete, man werde die Entspannungspolitik fortsetzen.
4. Angesichts ihrer gründlichen Vorbereitung durfte sie auch angesichts der bevorstehenden Prüfung heiter-gelassen bleiben.
5. Das Bahnnetz zwischen Bern und Bellinzona ist eng geknüpft, alle vier Kilometer steht eine propere Haltestation.
6. Dadurch, daß man einen Preis ablehnt, wird man noch nicht Sartre. LUDWIG MARCUSE
7. Wie sollen wir überhaupt eine harmonische Beziehung haben, wenn du permanent herumflirtest?
8. Das Leben ist voll von Widersprüchen, und von jeder Wahrheit ist auch das Gegenteil wahr. RICARDA HUCH
9. Freitag abends ging sie regelmäßig in die Disco und tanzte sich die Seele aus dem Leib.
10. Bis in die frühen Morgenstunden hinein saß sie am Schreibtisch. Der leere, grün flimmernde Bildschirm starrte sie höhnisch an.
11. Je offener die Welt mir steht, desto mehr Freude macht sie mir, und desto mehr tut sie mir weh. PETER HANDKE
12. So vielseitig wie seine Glanzleistungen als Übersetzer, so vielseitig waren auch seine „Übersetzungssünden". KARL DEDECIUS
13. Laut der Sekretärin ist die Arbeit bis Donnerstag einzureichen.
14. Die große Kunst der Ehe besteht darin, recht zu behalten, ohne den anderen ins Unrecht zu setzen. KÄTHE HAACK
15. Und falls das Wetter schlechter weden sollte? – Falls es regnen sollte, nehmen wir Kapuzen und Stiefel mit. Gegen Kälte sind wir ohnehin gewaffnet.

Step 2: Revision Translation Text

The Text The text below, on the emergence of the Microsoft firm, allows one to rehearse structures learned in the foregoing four Units and contains key vocabulary from the postmodern computer world.

Your Task Translate the text in its entirety and then compare your version with the master translation on page 141.

Holger Schmidt, „Die Geschichte von Microsoft"

Text Die Geschichte von Microsoft ist eine Geschichte, wie sie nur in Amerika passieren kann. Gates war zwar nie Tellerwäscher, doch die Geschichte von Microsoft ist spannend wie kaum eine andere. Sie begann 1968. Damals kam William Henry Gates III in die achte Klasse der Eliteschule Lakeside in Seattle im Nordwesten der Vereinigten Staaten. Sein Freund Paul Allen kam gerade in die zehnte Klasse. Die Schule gehörte zu den ersten des Landes, die Computerkurse über eine Telefonverbindung anbot. Da keiner der Lehrer mit dem Computer umgehen konnte, machten sich Gates und Allen ans Werk, die neue Welt zu erforschen. Schnell waren sie von den Möglichkeiten des Rechners so fasziniert, daß sie sich oft nachts in die Schule schlichen, um dort festzustellen, daß der jeweils andere bereits vor dem Computer saß. [...] Schließlich heuerten Gates und Allen bei einer Softwarefirma an und nutzten die Zeit, sich in die Tiefen der Programmiersprachen einzuarbeiten. Die Saat für das erfolgreichste Unternehmen der Welt war gesät, sollte aber erst später aufblühen.

Denn danach gingen die Computergenies Gates und Allen zunächst getrennte Wege. Allen studierte an der Washington State University Informatik. Gates ging nach Harvard, um Jura zu studieren. In der Computerwelt kamen Kleincomputer auf den Markt, und diese Entwicklung führte beide später zusammen. 1975 gründeten sie in Albuquerque die Firma Microsoft. Sie wollten gemeinsam Programme für Kleincomputer entwickeln in einer Zeit, in der die Riesenrechner von IBM, Hewlett-Packard oder DEC noch den Markt beherrschten.

Den entscheidenden Durchbruch erzielte die junge Firma 1981 mit dem Betriebssystem MS-DOS, was für Microsoft Disk Operating System stand. Das Betriebssystem diente als Grundlage für kleinere IBM-Rechner. Das war der Startschuß für den unaufhaltsamen Anstieg von Microsoft zum weltweit führenden Softwarekonzern, der heute an der Börse mit rund 550 Milliarden Dollar bewertet wird – mehr als die größten deutschen Industriekonzerne zusammen. Heute laufen weltweit rund 95 Prozent aller Personalcomputer mit Windows und die Marktposition von Microsoft schien unanfechtbar. Bis das Internet kam.

UNIT 13 The Monarchy

Step 1: Re-Ordering the Sentence

1 Trial Sentences

The Problem — Among the most marked macro-structures in English syntax are the principles of 'end-focus' and 'end-weight', whereby new or cumbersome information tends to be placed at the end of a sentence. This is a major point for a successful translator into English to grasp.

Your Task — Translate the following sentences into English and then compare your versions with the master answers on page 142. If your answers are all satisfactory, you may opt to omit the next, explanatory stage.

Sentences
1. Durch Ruhe und Ordnung kann die Demokratie ebenso gefährdet werden wie durch Unruhe und Unordnung. HILDEGARD HAMM-BRÜCHER
2. Dem Menschen wurde auferlegt, zu leben wie ein Hund und zu handeln wie ein Gott. K. H. WAGGERL
3. Phantasten sagt man oft von Menschen, deren Uhr vorgeht. Sie sehen alles ein bißchen früher. ANITA DANIEL
4. Was Menschen und Dinge wert sind, kann man erst beurteilen, wenn sie alt geworden. MARIE VON EBNER-ESCHENBACH
5. Nur an die großen Seelen kommen die großen und schweren Dinge. AGNES GÜNTHER
6. Mit der juristischen Verurteilung geht gerade bei Frauen die moralische Hand in Hand. ALICE SCHWARZER
7. Der Welt muß eine neue Ära erstehen: nach dem alten Kriegsheldentum das Heldentum des Wissens und des Forschens. BERTHA VON SUTTNER
8. Auf der Bifunktionalität des Sprachverständnisses und der Sprachverwendung beruht die Besonderheit von Karl Kraus. NIKE WAGNER

> To imitate the obscurity or ambiguity of the original is a fault.

ALEXANDER TYTLER, *Essay on the Principles of Translation* (1790)

2 Specimen Sentences in English Translation

Sentences

A. Es fehlt dem sogenannten historischen Roman vor Walter Scott gerade das spezifisch Historische. GEORG LUKÁCS
The so-called historical novel before Walter Scott lacks precisely the specifically historical.
B. Das meiste haben wir gewöhnlich in der Zeit getan, in der wir meinen, nichts getan zu haben. MARIE VON EBNER-ESCHENBACH
We normally achieve most in the time when we think we have achieved nothing.
C. Fremdes Leid in seiner Seele zu tragen, ist schwerer als eigenes. ALJA RACHMANOWA
It is harder to bear others' sorrow in your heart than your own sorrow.
D. Einer Leserschaft von zehn Millionen rühmt sich das britische Massenblatt *The Sun*. PETER NONNENMACHER
The British mass-circulation tabloid the Sun *prides itself on a readership of ten million.*
E. Mittelpunkt eines Kreises zu sein: das war nicht Rilkes Art oder Verlangen. RUDOLF KASSNER
It was not Rilke's way or desire to be the focal point of a circle.
F. Unbefriedigend war auch das jährliche Wachstum im Baugewerbe, das 1955-1965 unter 2% blieb und von 1965-1975 einen absoluten Rückgang zu verzeichnen hatte. ISOLDE FRIEBEL
Annual growth was unsatisfactory also in the building and construction area, remaining under 2% in 1955-65 and registering an absolute decline between 1965 and 1975.

Guidelines

1. The essential point to note here is that the English sentence classically follows the order 'Subject – Predicate – Object'. Once this order is 'restored' in a sentence translated from the German, many problems dwindle or disappear.

2. The principle holds for many cases:
- a German sentence with a dative object – as in A or 2 overleaf.
- a sentence with a straightforward inversion, as in B
- an initial infinitive clause, as in C
- a deictically placed object, as in D, or deictic adjective, as in F
- an initial noun phrase, as in E – and many initial 'dass'-clauses

3. Note that one re-ordering may call for another – as in F, where the initial English sentence order calls not for a relative clause, as in the German, but for an '-ing' construction to follow.

Step 2: Translating the Language of Monarchy

Translation Text

The Text
The text below, from the German daily the *taz*, on the *événements* of late summer 1998, has been chosen because it contains both good examples of the above issue and a broad range of vocabulary on this eternally revealing British institution.

Your Task
Translate the text below in its entirety and then compare your version with the master translation on page 142.

Dominic Johnson, „Trauer um die Märchenprinzessin"

Text
„Alle blickten zu ihr auf, alle liebten sie, sie hat viele gute Werke getan." Millionenfach müssen gestern in Großbritannien Sätze wie dieser gefallen sein, den am Vormittag ein trauernder Schwarzer vor dem Kensington-Palast, Lady Dianas Londoner Residenz, gegenüber dem BBC-Fernsehen äußerte. Ein ganzes Land beweint seine Märchenprinzessin.

Prinzessin Diana war die wohl beliebteste Königin, die Großbritannien nie gehabt hat. Ihre Hochzeit mit Prinz Charles 1981 war eine Traumhochzeit, die letzte richtig unbeschwerte und populäre Feier der britischen Monarchie. Wie keine andere in der Königsfamilie wuchs die aus niederem Adel stammende Prinzessin von Wales in eine neuartige Vorbildfunktion für britische Frauen hinein. [...]

Diana zerstritt sich zwar zuletzt mit den Tories, aber in ihrem Leben war sie ein Symbol des von Thatcher geprägten konservativen Großbritanniens, in dem die zielbewußte Verfolgung persönlichen Glücks höher steht als die Unterordnung unter Tradition und familiären Zwang. Sie gestaltete ihr öffentliches Image gerade so skandalumwittert, wie es eine Figur des öffentlichen Lebens tun muß, um dauerhaft interessant zu bleiben. Gegenüber der zuweilen steifen und überheblichen Familie Windsor repräsentierte sie den Typ des Parvenüs mit Glamour. Das war der Mythos Diana, der so gar nicht zum sonst bei den Royals gepflegten konventionellen Bild der heilen Familie paßte.

Mit dem Mythos Monarchie, wie er noch zu Thatchers Zeiten in Großbritannien ziemlich unangefochten herrschte, konnte dies nur in Konflikt geraten. Den Mythos Monarchie beschrieb die Publizistin Sara Maitland 1996 anläßlich der Scheidung von Diana und Charles als den der „absolut moralischen, emotionalen, sozialen, sexuellen und praktischen Notwendigkeit und Vorzüglichkeit der heutigen romantischen Form der Kleinfamilie".

Als Charles und Diana sich 1992 trennten, war sie der Publikumsliebling und nicht er, obwohl er am Ideal der heilen

Familie hing, und nicht sie. Dies ist Dianas Hinterlassenschaft an die Institution der britischen Monarchie. Das ist zwar die Folge vorheriger Veränderungen im Frauen- und Familienbild der britischen Gesellschaft, es hat aber revolutionäre Konsequenzen für die Monarchie, was auch immer man im einzelnen von den handelnden Personen halten mag.

Step 3: Vocabulary Work

1 The Language of the Monarchy

Your Task Complete the crossword below, which consists of key terms concerning the functions of the modern monarchy. The answers are to be found on page 144.

Crossword
Clues
1. Ehrentitel (Pl.) verleihen
2. Minister (Pl.) ernennen
3. Aushängeschild sein
4. Grundstein legen
5. Schiffe vom Stapel lassen
6. Parlamentsauflösung
7. eine Funktion wahrnehmen
8. eine Pflicht wahrnehmen
9. offizielle Eröffnung des Parlaments
10. Geheimrat
11. Audienz gewähren
12. Land im Ausland vertreten
13. eine Rolle spielen/wahrnehmen
14. Prunk
15. Schirmherrschaft
16. Thronrede der Königin
17. ein Gebäude eröffnen
18. Prunk
19. Beglaubigungsschreiben entgegennehmen
20. Staatsoberhäupter empfangen

Key Phrase: brit. Staatsform seit 1688/9

70 **UNIT 13** The Monarchy

UNIT 14 Democracy and Elections

Step 1: Object or Not?

1 Trial Sentences

The Problem There are several cases in German where, even after a normally transitive verb, an object is implied but not written or spoken. This is impossible in English – leaving the translator with a problem.

Your Task Translate the following sentences into English and then compare your versions with the master answers on page 144. If your answers are all satisfactory, you may opt to omit the next, explanatory stage.

Sentences
1. Siegen macht dumm. GÜNTER GRASS
Eitelkeit macht häßlich. FRANZ KAFKA
2. Es schmerzt, zu erfahren, daß keiner bereit ist, die Schuld auf sich zu nehmen.
3. Die Wortkargen imponieren immer. Man glaubt schwer, daß jemand kein anderes Geheimnis zu bewahren habe als das seiner Unbedeutendheit. MARIE VON EBNER-ESCHENBACH
4. Darf ich abräumen?
5. Ihr Stil erinnert in ihren besten Passagen an die Hohepriesterinnen der Moderne, in ihren schwächeren an den Journalismus der Illustrierten.
6. Der verzweifelte Regisseur lud zu einem Gespräch ein.
7. Denken vereinsamt; wer denkt, verstummt.
KARLHEINZ DESCHNER
8. Der alleinstehende Kirchturm und die angrenzenden Fachwerkhäuser erinnerten an die liebenswürdig verwinkelte Stadt, die in der Bombennacht vom 6.12.1944 unterging.

While in your Thoughts you find the least debate,
You may confound, but never can translate.
Your Style will this through all Disguises show,
For none explain more clearly than they know:
He only proves he understands a Text,
Whose exposition leaves it unperplexed.

DILLON WENTWORTH, Earl of Roscommon, *Essay on Translated Verse* (1685)

2 Specimen Sentences in German Translation

Sentences

A. Die Liebe bringt auf Ideen und Gefahren. HEINRICH MANN
Love gives one ideas and brings dangers.
B. Edeltraud hatte zu Tee und Kuchen eingeladen, und der ganze Flur war gekommen!
Edeltraud had invited everyone to tea and cake and the entire landing had turned up! Or: ... had issued an invitation to tea ...
C. Würden Sie gerne ablegen? – Darf ich einschenken? – Darf ich gratulieren?
Would you like to take off your coat? – May I offer you some wine? – May I congratulate you / offer you my congratulations?
D. Darf ich nach rechts bitten, meine Herrschaften? Dieses Exponat verdient ja Ihre besondere Aufmerksamkeit.
Would you be so kind as to move to the right, ladies and gentlemen? This exhibit, after all, deserves your especial attention.
E. Die Trümmergrundstücke erinnerten und mahnten zugleich.
The bomb-sites both aroused memories and issued a warning.
F. Es schmerzte, an die Stadt von damals zu denken.
It hurt one to think of the town of those days.
G. Angst macht weitsichtig; Helden sterben an Kurzsichtigkeit. KARLHEINZ DESCHNER
Fear makes you far-sighted; heroes die of short-sightedness.

Guidelines

1. There are several characteristic cases in German where, after a normally transitive verb an object is implied, but left unwritten.
2. These are after a) after references to people in general (A)
b) reference to implied persons (B)
c) reference to implied objects clear from the context (C)
d) direct personal requests (D)
e) certain verbs such as 'erinnern', 'mahnen', 'schmerzen', 'machen', 'einladen', 'überraschen', which can be intransitive in German, but are always transitive in English (E to G)
3. It is important to find a suitable object – often 'one', 'people' or 'everyone', or whatever object is involved.
4. 'Es schmerzt' becomes 'It hurts (one)' in cases of pain or 'It pains one' in cases of embarrassment.
5. In cases such as B above or 5 overleaf, there are alternative, impersonal English constructions, which can be sensitive renditions.

Step 2: Translating the Language of Elections

Translation Text

The Text — The text below, a corrective letter to newspaper editors, has been chosen because it contains both examples of the above and a wealth of vocabulary from the area of elections and suffrage.

Your Task — Translate the text below in its entirety and then compare your version with the master translation on page 144.

Thilo Bode, „Großbritanniens Demokratisierung"

Text — Es schmerzt, selbst in der *Frankfurter Allgemeinen Zeitung* („Wehrpflicht in der Demokratie", 18 Februar), die alte Mär, Großbritannien sei die älteste europäische Demokratie, aufgewärmt zu sehen. Welcher Staat die älteste Demokratie war oder ist, mag strittig bleiben; daß es Großbritannien war, behaupten nicht einmal die Briten selber. Sie kennen ihre Verfassungsgeschichte genau, weit besser als die Deutschen die ihre, und wissen daher sehr wohl, daß parlamentarische Regierungsform und Demokratie in der Gestalt des allgemeinen Wahlrechts nicht identisch zu sein brauchen. Großbritannien ist der klassische Fall eines Landes, in dem sich aus der parlamentarischen Regierungsform, deren Anfänge in Großbritannien in das 13. Jahrhundert zurückreichen, die parlamentarische Demokratie mit allgemeinem Wahlrecht, der entscheidenden Kategorie, erst langsam entwickelt hat.

Beginn und Abschluß dieser Entwicklung lassen sich präzise datieren. Den Anfang machte die erste Wahlrechtsreform von 1832, doch die Vollendung kam erst im Jahre 1948; erst dann wurde das Wahlrecht wirklich „allgemein".

Vor 1832 galt für das damals noch ganz feudale Unterhaus (das Oberhaus war und ist bis heute ungewählt) ein äußerst rudimentäres, dazu sehr korrupt gewordenes ständisches Wahlrecht; nur drei Prozent der erwachsenen Bevölkerung besaßen damals das Wahlrecht. Das noch heute gefeierte Reformgesetz von 1832, nur sehr mühsam von den Liberalen gegen den erbitterten Widerstand der Konservativen und des feudalen Oberhauses durchgesetzt, hob den Prozentsatz der Wahlberechtigten zwar nur auf fünf Prozent an, leitete jedoch, wenn auch nur auf bedächtige britische Weise, einen mehr als ein Jahrhundert in Anspruch nehmenden fundamentalen Wandel ein.

Die fünf Prozent von 1832 erhöhten sich mit dem Reformgesetz von 1867, dem Jahr, in dem für den Reichstag des Norddeutschen Bundes das 1871 auch in die Verfassung des deutschen Kaiserreichs übernommene allgemeine Wahlrecht eingeführt wurde, auf dreizehn Prozent. Doch wahlberechtigt waren nach wie vor allein bestimmte Kategorien von Besitzenden; der „Wahlbürger" war noch nicht erfunden. 1884 wurde das Wahlrecht auf 25 Prozent der erwachsenen Bevölkerung ausgedehnt, aus denen 1918, mit dem Ende des Ersten Weltkrieges, immerhin 75 Prozent wurde. An den hundert Prozent fehlten noch ein großer Teil der Frauen, genau 41 Prozent; denn nur Frauen über dreißig Jahre erhielten damals unter bestimmten Bedingungen zum ersten Mal das Wahlrecht – als Belohnung für ihre Aufopferung im Ersten Weltkrieg. Es dauerte weitere zehn Jahre, ehe alle Frauen über 21 das Wahlrecht erhielten. Aber erst 1948 wurde die letzte Ungleichheit beseitigt: den Inhabern von Geschäftssitzen und den Absolventen der Universitäten wurde ihre historisch gewachsene Zweitstimme abgesprochen; die etwa eine halbe Million Zweitstimmen waren bis dahin überwiegend den Konservativen zugute gekommen. Erst seit diesem Jahr ist Großbritannien im strikten Sinne eine Demokratie mit allgemeinem und gleichem Wahlrecht.

Step 3: Vocabulary Work

1 The Language of the Elections and Politics

Your Task — Complete the crossword below, which consists of key terms from the field of British elections. The answers are to be found on page 146.

Crossword

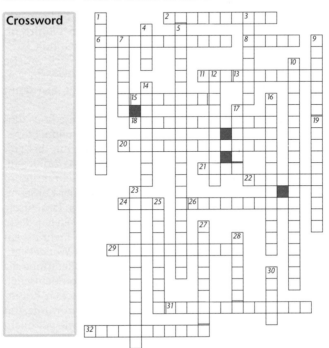

74 **UNIT 14** Democracy and Elections

Clues

Across
2. Volksbefragung
6. + 1. Verhältniswahlrecht
8. kandidieren
11. + 13. Nachwahl
15. um Stimmen werben
18. Wechselwähler
20. Neuwahlen ausschreiben
21. Sitz
22. + 13. Parlamentswahlen
24. Stimme
26. *see 3*
29. Wahlkreis
31. Kommunalwahl
32. Stimmzettel

Down
1. *see 6 across*
3. + 26. Parlament auflösen
5. *idiomatic for 10*
7. + 4. Meinungsumfrage
9. Wahlbeteiligung
10. brit. Mehrheitswahlrecht
12. Jungwähler
14. Wahlurne
16. Wahlschiebung
17. Auszählung der Stimmen
19. Briefwahl
23. Wahllokal
25. Wählerschaft
27. + 28. Wahlsystem
30. Wahlkabine

2 The Language of Election Results: Electoral Dominoes

Your Task

Translate the essential electoral terms below, which are arranged in 'domino fashion', the last letter of the first word in translation being also the first letter of the second and so on. The numbers in brackets indicate the number of words concerned. The correct answers are to be found on page 146.

Terms

1. Wahlkreis mit knappem Wahlausgang L   2. erdrutschartiger Sieg E   3. Stimmen der ethnischen Minderheiten (2) E   4. gewählt D   5. Bekanntmachung des Ergebnisses (4) T   6. strategisches Wählen (2) G   7. (Wahlbezirk) erobern N   8. Kopf-an-Kopf-Rennen (2) E   9. Wahlergebnisse (2) S   10. Stimmenzuwachs für die schottischen Nationalisten (4) P   11. Analyse des Wahlausgangs M   12. klares Votum (für) E   13. Wahlagitation G   14. Mandatsgewinne S   15. Wahlschlappe für die Liberalen (4) S   16. Hochburg D   17. um Unterstützung werben (3) T   18. Wahl bei zwei Kandidaten (2) E   19. Wahlversprechen (Pl.) (2) S   20. Meinungsumfrage nach Stimmabgabe (2) L

Democracy and Elections   75

3 The Language of Party Politics

Your Task Complete the A–Z below, which consists of key terms from the field of party politics. The answers are to be found on page 146.

A-Z

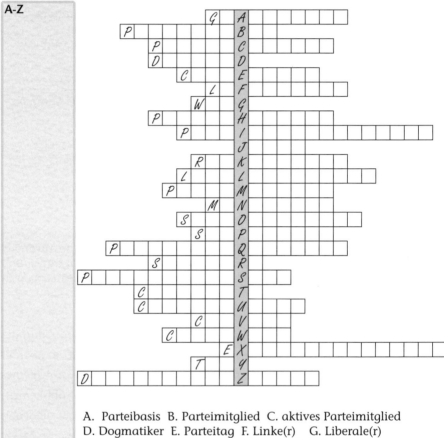

A. Parteibasis B. Parteimitglied C. aktives Parteimitglied
D. Dogmatiker E. Parteitag F. Linke(r) G. Liberale(r)
H. Parteivorsitzende(r) I. Parlamentsfraktion J. Junta
K. Fußvolk L. Bezirkssekretär M. Parteiapparat N. Manifest
O. Schattenkabinett P. Gefolgschaft Q. Hauptquartier
R. Stammwähler S. Parteispitze T. Kandidat(in)
U. Wahlbezirk V. um Stimmen werben W. Chefeinpeitscher
X. außerparlamentarisch Y. Konservative(r) Z. Reprivatisierung

UNIT 15: The Press

Step 1: Translating Impersonal Structures with 'es' II

1 Trial Sentences

The Problem In addition to the complex impersonal structures with 'es' dealt with in Unit 6, there are a multitude of simpler, more frequent 'es' constructions to be mastered.

Your Task Translate the following sentences into English and then compare your versions with the master answers on page 147. If your answers are all satisfactory, you may opt to omit the next, explanatory stage.

Sentences
1. Es geht um sehr viel. Seien wir uns dessen immer bewußt.
2. Es handelt sich um die wohl wichtigste Entscheidung seiner Amtszeit.
3. Wie aber steht es um Vater, Mutter, Kind?
REGINE HILDEBRANDT
4. Der deutschen Komödie fehlt es angeblich an Humor.
5. Es gehört zur Haltung des Schriftstellers und vermutlich zu den wichtigsten Motiven seines Schreibens, sich immer von Neuem in Frage zu stellen ... HANS ERICH NOSSACK
6. Es heißt: Es gibt kein Wunder für den, der sich nicht wundern kann.
7. Politiker juckt es erst, wenn man sie kratzt. KARLHEINZ DESCHNER
8. Am schlimmsten ging es den Werftarbeitern: Zwei Werften mußten schließen, in anderen wurde nur noch halbtags gearbeitet.
9. Morgen wird es nicht mehr um Konfession, Nation, Ideologie gehen, sondern schlicht darum, die Verhältnisse auf dieser Welt so zu gestalten, daß die Menschheit auch zu acht Milliarden einzelnen Exemplaren auf diesem Planeten wird leben und sich am Ende sogar wird wohlfühlen können, ohne sich und ihre Umwelt zu massakrieren.
JOSCHKA FISCHER

Une oeuvre non traduite n'est publiée qu'à demi.

ERNEST RENAN

2 Specimen Sentences in German Translation

Sentences

A. Mir fehlt etwas, wenn ich keine Musik höre. Und wenn ich Musik höre, fehlt mir erst recht etwas. ROBERT WALSER
When I am not listening to music I miss something. And when I am listening to music I really miss something.
B. Überspanntheit, wird es heißen. Übertriebene Verletzbarkeit. CHRISTA WOLF
'Undue nervous tension', they will say. 'Excessive vulnerability'.
C. Es ist still geworden um ihn. Das gehört zu den noch nicht erklärten Rätseln der letzten Jahre.
You don't hear much of him any more. That is one of the as yet unsolved mysteries of the last few years.
D. Es wundert mich, daß keiner Einspruch erhoben hat.
I am surprised that no-one raised an objection.
E. Innerhalb von nur wenigen Jahren gelang es, den Studiengang als feste Größe im Angebotsspektrum der Universität zu etablieren.
Within a few years, they/we were able to establish the course of study as a permanent fixture in the spectrum the University had to offer.
F. Dasein ist dasjenige Sein, dem es in seinem Sein um eben dieses Sein geht. HANS JONAS
Existence is that form of being which, within its being, is concerned for precisely this being.

Guidelines

1. Impersonal constructions with '*es*' range from the very straightforward to the highly complex. Important complex forms have been dealt with in Unit 6. The essential simpler forms to know are:
es geht um + Obj.: *what is at stake is ...; it is a question of ...*
es geht mir um: *I am concerned for...* or: *What I am worried about is*
worum geht es? (Inhalt) *what is it about?;* (auf dem Spiel) *what is at stake? What is at issue?*
es fehlt mir: *I lack it; I miss it*
es gelingt ihr: *she is successful/succeeds in + '-ing form'; is able to...*
ihm erging es am schlimmsten: *he fared worst*
es handelt sich um : *it is* or: *what we have here is ...* – as in 2 overleaf
es heißt: *it is said/announced; they say*
es juckt ihn: *he's got an itch; it gets to him/affects him*
es wundert mich, dass ...: I am surprised that ...

2. '*Es gehört zu ...*': 'It belongs to' is admissible only when possession is involved. Otherwise the correct versions are 'It is one of ...' or 'It is among ...' or 'It is part of ...' etc.

78 **UNIT** **15** The Press

Step 2: Translating Language to do with the Press

Translation Text

The Text	The text below, by the well-known English correspondent Wilfried Kratz, has been chosen because it contains both examples of German impersonal constructions and a wealth of key vocabulary on the press.
Your Task	Translate the text below in its entirety and then compare your version with the master translation on page 147.

Wilfried Kratz, „Auf Leben und Tod"

Text

Britische Zeitungen neigen gern zu Extremen. Aber wenn der *Guardian* jetzt von einem „Preiskampf auf Leben und Tod" schreibt, handelt es sich kaum um eine Übertreibung. Der Kampf tobt im eigenen Gewerbe. Ausgefochten wird er zwischen der *Times* und dem *Daily Telegraph*, er zieht aber unweigerlich andere Blätter in Mitleidenschaft und dürfte die Konzentration dramatisch beschleunigen. Politiker rufen bereits nach der Wettbewerbsbehörde. Sie solle den Verdrängungswettbewerb unterbinden, der den Briten den Launen und Ansichten einiger weltweit operierender Mediengiganten ausliefere.

Vor fast einem Jahr brach der Australier Rupert Murdoch die Ruhe an dem für Großbritannien so charakteristischen Markt für überregionale Zeitungen. Der Auflagenschwund der elf Tages- und der zehn Sonntagsblätter hatte sich beschleunigt. Murdoch kürzte daher im Juli den Verkaufspreis des Massenblattes *Sun* von 25 auf 20 Pence und folgte im September mit einer Preissenkung für die *Times* von 45 auf 30 Pence. Jetzt zog der *Daily Telegraph* von 48 auf 30 Pence nach, woraufhin die *Times* auf 20 Pence herunterging, dem Preis der *Sun*. Das ist so, als kosteten *Welt* und *Bild* jeweils 50 Pfennig.

Murdoch stellte damit die als gesichert geltende Erkenntnis in Frage, der Preis rangiere bei der Kaufentscheidung des Kunden hinter Form, Inhalt und politischer Ausrichtung. Manche Konkurrenten, so der stramm konservative *Telegraph*, prophezeiten dem Spieler einen teuren Reinfall. Der liberale *Independent* sah sich als Hauptleidtragender dieses Kampfpreises und rief die Wettbewerbsbehörde an, allerdings vergebens. In einem Anflug von Snobismus erhöhte das verunsicherte Blatt sogar seinen Verkaufspreis von 45 auf 50 Pence. Der *Telegraph* gab sich zwar selbstsicher, verriet seine Unruhe jedoch durch eine Reihe von Sonderaktionen, füllte die Zeitung mit Rabattcoupons, verschenkte Wein und lud Leser zu billigen Ferienreisen ein.

 Allmählich zeigt sich, wie diese Preisschlacht die Landschaft verändern wird. [...] Wirklich alarmierend war für den *Telegraph*, daß die *Times* im Mai mit fast 518 000 Exemplaren die höchste Auflage in der über zweihundertjährigen Geschichte der Zeitung erreichte, der *Telegraph* aber mit 993 000 zum ersten mal seit den fünfziger Jahren unter die Millionengrenze rutschte. Murdoch war auf dem besten Wege, dem *Telegraph* die Marktführerschaft zu entreißen. Das würde ihn in die Lage versetzen, die Anzeigenflächen teurer zu verkaufen als der Konkurrent.

Step 3: Vocabulary Work

1 The Language of the Newspapers

Your Task Complete the crossword below, which consists of central terms from the area of the 'Murdoch revolution', which markedly affected, and is still affecting, the British national press.

Clues
1. Format einer Boulevardzeitung
2. Leser dazugewinnen
3. unseriös
4. den Anspruch herabsetzen
5. personelle Überbesetzung
6. Erscheinen einstellen
7. Konkurrenz verdrängen
8. Zeitungsimperium
9. Zeilensetzmaschine
10. Einnahmen durch Anzeigen
11. Verkauf ankurbeln
12. Regenbogenpresse
13. Setzer
14. dürftige Berichterstattung
15. Krieg um Auflagenziffern
16. schneller Vertrieb
17. mittleren Anspruchs
18. um Leser werben
19. Zeitungsimperator
20. Textverarbeitungsanlage
21. computergedruckt
22. Werbemasche
23. Versammlung des Druckerpersonals
24. Nackedei

Key Phrase: Kennzeichnung des von Murdoch forcierten Wandels

UNIT The British Past

Step 1: Translating Link Words

1 Trial Sentences

The Problem Link words are the signposts in a text, guiding the reader along the way, facilitating the task of comprehension. The successful translator must, therefore, master them as a matter of priority, all the more so as they often pose a dual problem – right word *and* right punctuation.

Your Task Translate the following sentences into English and then compare your versions with the master answers on page 149. If your answers are all satisfactory, you may opt to omit the next, explanatory stage.

Sentences 1. Es ist immer interessant, die Linie zu verfolgen, in der gewisse Erscheinungen der Zeitgeschichte sich bewegen – bald rasch, bald langsam, bald stillstehend oder gar zurückweichend
BERTA V. SUTTNER
2. Die Männer beteuern immer, sie lieben die innere Schönheit bei der Frau – komischerweise gucken sie aber immer ganz woanders hin. MARLENE DIETRICH
3. Was ist Leichtsinn? Die Dummheit von gestern und die Klugheit von heute. Oder aber: die Klugheit von gestern und die Dummheit von heute. ANITA DANIEL
4. Frauen sind gescheiter als Männer. Das ist wahr. Aber es sollte völliges Stillschweigen darüber bewahrt werden, sonst ruiniert es das ganze Spektakel. ANITA LOOS
5. Ich lese jeden Morgen die Zeitung, und zwar zuerst die Todesanzeigen. Dann freue ich mich so richtig, daß ich noch da bin. Das ist meine ganze Lebensphilosophie. ELLA FITZGERALD
6. Diesen scheußlichen Moselwein können wir unseren Gästen ebensowenig anbieten wie das essigähnliche Zeug aus Rheinhessen.

> *A translator must therefore become like Proteus: he must be able to transform himself into all manner of wondrous things, he must be able to absorb and combine all styles within himself and be more changeable than a chameleon.*

PETRUS DANIELUS HUETIUS, *De optimo genere interpretandi* (1683)

2 Specimen Sentences in German Translation

Sentences

A. Sparsamkeit ist keine Tugend, sondern ein Laster, das alles verdirbt. ODA SCHAEFER
Thrift is not a virtue but a vice that destroys everything
B. Der Vorschlag ist töricht, ja geradezu absurd.
The proposal is foolish, indeed wellnigh absurd.
C. Erfolge muß man langsam löffeln, sonst verschluckt man sich an ihnen. ERIKA PLUHAR
One must spoon successes slowly: otherwise, they go down the wrong way.
D. Polemisch formuliert: Er kann nicht mal selbständig denken, geschweige denn eine gelungene Doktorarbeit schreiben!
Putting it in provocative form, he can't even think for himself, let alone write a successful doctoral thesis.
E. Es ist schlimm, wenn zwei Eheleute einander langweilen; viel schlimmer jedoch ist es, wenn nur einer von ihnen den andern langweilt. MARIE VON EBNER-ESCHENBACH
It is a bad thing if two marital partners bore one another. It is much worse, however, if only one of them bores the other.
F. Die englisch-irische Vergangenheit birgt manche Katastrophe, von den gelegentlichen Massakern, Greueltaten und virulenten Fehleinschätzungen ganz zu schweigen.
The Anglo-Irish past contains many a disaster, not to mention the occasional massacres, atrocities and endemic misassessments.

Guidelines

1. Among the key issues of punctuation to note here are:
a) 'however' is almost always an *Einschub* and is comma'd off (E).
b) If a German link word is preceded by a 'running comma', often more is required in English – a colon, a semi-colon, or a dash.
c) The many German openers such as *'Kurz gesagt:'* or *'Anders formuliert:'* are often best rendered by an '-ing' construction such as 'Putting it briefly', followed by a comma and nothing more.

2. Any shortlist of problematic German link words must include:
ja (bekräftigend): 'indeed', preceded by a comma
zwar: 'admittedly' comma'd off; or an 'although'-clause
nämlich; und zwar: 'namely'; or simply a dash
beziehungsweise: almost always 'or'; 'respectively' is used only in such sentences as 'The two went to university in the same year, gaining places at Warwick and Salford respectively.'
For an exercise collating the key link words see page 86.

Step 2: Translating the Language of the British Past

Translation Text

The Text
The text below, from the well-known historian of Britain, Hans-Christoph Schröder, has been chosen because it contains in exemplary form the above issue and offers an interesting argument on a central feature of Britain's past.

Your Task
Translate the text below in its entirety and then compare your version with the master translation on page 149.

Hans-Christoph Schröder, „Die imperiale Dimension ..."

Text
Die imperiale Dimension ist für das Verständnis der englischen Geschichte wichtiger als für das Verständnis der Geschichte irgendeiner anderen Nation seit dem Altertum. Dabei erfolgte der Eintritt der Engländer in die Ära der kolonialen Expansion und der Aufbau ihres überseeischen Empire erst relativ spät. An der Besitznahme Amerikas im ausgehenden 15. und 16. Jahrhundert waren sie nicht beteiligt. (Eine 1586 gegründete englische Niederlassung in Virginia war innerhalb weniger Jahre spurlos verschwunden.) An der Ausbeutung der amerikanischen Silberschätze nahm England nur indirekt teil, wenn elisabethanische Freibeuter spanische Städte plünderten und spanische Schiffe kaperten.

Für die anfängliche Zurückhaltung Englands im kolonialen Bereich lassen sich vor allem zwei Gründe anführen. Einerseits hatte man mit Irland gleichsam eine Kolonie vor der eigenen Haustür. Man war gegen Ende des 16. Jahrhunderts vollauf damit beschäftigt, dieses Land, über das die englische Monarchie seit dem Mittelalter eine prekäre Oberhoheit ausübte, zu unterwerfen und zu kolonisieren. Andererseits reichten die englischen Kräfte auch für weitgespannte überseeische Unternehmungen kaum aus. [...]

Trotz seiner anfänglichen Schwäche verfügte England jedoch über zwei Voraussetzungen, die auf längere Sicht seinen Aufstieg begünstigten und es spätestens nach dem Ende des Siebenjährigen Krieges (1756–63) zur führenden See-, Kolonial- und Handelsmacht der Welt werden ließen. Vor allem profitierte es davon, daß sich nach der Entdeckung Amerikas das Schwergewicht in Europa vom Mittelmeer auf den Atlantik verlagerte. England rückte damit von der Peripherie ins Zentrum eines politisch-kommerziellen Beziehungsgeflechts. Eine weitere günstige Voraussetzung stellte die Insellage Englands dar. Sie bot als solche zwar keinen zuverlässigen Schutz vor einer Invasion. Sie ermöglichte es aber den Engländern, sich zur Abwehr von Invasionsversuchen ganz überwiegend auf die Flotte zu konzentrieren, die zugleich das

Instrument weltpolitischer Aktivität darstellte. Das Mittel der Verteidigung war also ebenso das Mittel des Ausgreifens in die Welt.

Suggestions das Beziehungsgeflecht: *constellation of relationships*
das Ausgreifen: *reaching out (into)*

Step 3: Vocabulary Work

1 The Language of the British Past: Ages and Stages

Your Task Give correct or usual English terms for each of the following major ages and stages, events and emergences in the British past.

Ages, Stages

1066	normannische Eroberung
1086	große normannische Volkszählung
1337–1453	Hundertjähriger Krieg
1348	erste Pestwelle
1381	Bauernaufstand unter Wat Tyler
1455–85	Die „Rosenkriege"
1529–47	erste Phase der Reformation
1536–39	Aufhebung der Klöster
1553–1558	Gegenreformation
1563	anglikanischer Kompromiß unter Elizabeth I.
1584–1784	Erstes Empire
1588	Große Armada wird vor Gravelingen geschlagen
1607	konsequente Siedlungspolitik in Ulster
1642–49	Bürgerkrieg
1649	Enthauptung von Charles I.
1649–1660	Herrschaft Cromwells
1660	Restauration
1688–9	große und glorreiche Revolution
1689	konstitutionelle Monarchie wird eingerichtet
1745–6	letzter Jakobitenaufstand
1756–63	Siebenjähriger Krieg
1760–1830	erste Industrielle Revolution
1760–1800	Einhegung von Gemeindeland (Hauptphase)
1776-83	amerik. Unabhängigkeitskrieg
1784–1947/60	Zweites Empire
1807	Abschaffung des Sklavenhandels
1832	Wahlkreisreform, Ausweitung des Wahlrechts
1837–1901	viktorianische Epoche
1840–48	Chartistenbewegung
1845–47	Hungersnot in Irland
1857	Meuterei in Indien
1870–1914	Zeitalter des Imperialismus
1911	Macht des Oberhauses wird stark eingeschränkt

The British Past

1914–18	Erster Weltkrieg
1918	Vertrag von Versailles
1918–39	Zwischenkriegszeit
1926	Generalstreik
1929	amerik. Börsensturz
1930er Jahre	Depression
1939–45	Zweiter Weltkrieg
1940	Schlacht um Großbritannien, Bombardierung Londons und anderer Städte durch die Luftwaffe
1945	Konferenz von Yalta
1947	Unabhängigkeit für Indien, Pakistan
1964–9	bewegte Phase der Sechziger Jahre
1973	Beitritt zur EG
1979–1990	Amtsperioden von Margaret Thatcher

2 The Language of the British Past: Essential Factors

Factors

Stände und Schichten
Landadel **Oberschicht**
Arbeiterklasse
Bürgertum **Bauernklasse**
ARISTOKRATIE
die Barone
die Ritterfürsten im
walisischen Grenzgebiet

Regionen
der industrielle Norden
das schottische Hoch-/Tiefland
London und Umgebung
das walische Grenzgebiet
keltische Grenzgebiete
Birmingham und Umgebung
Stoke und die Töpferei-Städte

Wirtschaftskräfte
Bodenschätze Freihandel
unsichtbare Einnahmen
schwacher Agrar-Bereich
freie Marktwirtschaft
industrieller-militärischer Komplex
„*Werkstatt der Welt*"

geographische Faktoren
Insellage
Atlantikküste Nordsee
Ärmelkanal
innere u. äußere Hebriden
angevinisches Reich
die Pennine-Hügel

Land und Landwirtschaft
fruchtbar lehmig
öde kahl **sumpfig**
Ackerbau Viehzucht
Schafzucht OBSTGÄRTEN

Streitkräfte u. Weltstellung
Kriegsflotte **stehendes Heer**
Nuklearmacht
Hegemonie Weltmacht
Erstschlagkapazität

Empire
Sendungsbewußtsein
überseeische Besitztümer
Kolonie Siedler
plündern, kapern Juwel in der Krone
Freibeuter

religiöse Kräfte
Puritanismus
Kalvinismus
KATHOLIZISMUS **Presbyterianismus**
Methodistische Bewegung
die Freikirchler

3 Link Words

Your Task

Complete the crossword below, which consists of the essential link words required at this level. Correct answers are to be found on page 152.

Clues

1. alles in Allem
2. zwar
3. geschweige denn
4. jedoch
5. auf der anderen Seite
6. folglich
7. gleichermaßen
8. jedoch
9. umgekehrt
10. außerdem
11. darüber hinaus
12. trotzdem
13. mit anderen Worten
14. zum Beispiel
15. ebenfalls
16. zudem
17. gewiss
18. im Gegensatz dazu
19. zusammenfassend
20. zugegeben
21. insbesondere
22. im Großen und Ganzen
23. anders formuliert
24. zugegeben
25. um es nochmals zu sagen
26. folglich, demgemäß
27. zweifellos
28. im Gegenteil
29. hieraus folgt
30. also
31. zweitens
32. daher
33. schließlich
34. ja
35. zudem

Key Phrase: Spruch über Bedeutung und Stellenwert der *link words*

Crossword

1. A
2. A
3.
4. G
5. O
6. C
7. S
8. H
9. C
10. F
11. I
12. I
13. I
14. F
15. L
16. M
17. C
18. I
19. T
20. I
21. I
22. I
23. T
24. G
25. T
26. A
27. D
28. O
29. I
30. T
31. S
32. H
33. F
34. I
35. B

Translation Theory IV   Domestication or Alienation?

Introduction
'Domestication or alienation?' has been, at least since Romanticism and the seminal writing of Fr. Schleiermacher, one of the central questions of translation and Translation Studies. It affects virtually every aspect of a translation, from style through syntax to word-choice, and is thus one of the key decisions any translator must take.

Definitions
To 'domesticate', or 'naturalize', is to render the source text into the terms of one's own culture, to 'bring it all back home' and thus to reduce it ethnocentrically. To 'alienate' or 'foreignize', on the other hand, is to render the target text – the translation itself – into the terms of the foreign culture, to 'send the reader abroad' and thus to apply ethnodeviant pressure.

Schleiermacher
Schleiermacher's renowned formulation of the translator's choice is:
'Entweder der Übersetzer läßt den Schriftsteller möglichst in Ruhe, und bewegt den Leser ihm entgegen; oder er läßt den Leser möglichst in Ruhe und bewegt den Schriftsteller ihm entgegen.' (in Störig, 1969, p. 47)

Goethe
Another well-known statement of the issue is found in Goethe:
'Es gibt zwei Übersetzungsmaximen: die eine verlangt, daß der Autor einer fremden Nation zu uns herüber gebracht werde, dergestalt, daß wir ihn als den Unsrigen ansehen können; die andere hingegen macht an uns die Forderung, daß wir uns zu dem Fremden hinüber begeben und uns in seine Zustände, seine Sprachweise, seine Eigenheiten finden sollen.' (in Störig, 1969, p. 35)

Grey Areas
Neat and tidy though these categories may seem, they are not, of course, mutually exclusive. However much one may 'foreignize' one's translation, one is still doing so in one's own language, which is liable to involve some degree of 'domestication'.

Extremes
The consequences of such decisions can be far-reaching. In the late Romantic era even a distinguished translator from German could indeed offer lexically and syntactically alienating translations from German such as 'They walked the hill to the God-house up'.

The Issue
The characteristic problem today tends to be the issue of lexical alienation or lexical domestication. Consider the following translations of a sentence by the short-story writer, Maike Wetzel:
Bezahlt man heute so, sagt sie in diesem weinerlich-vorwurfsvollen Ton, der so klingt wie Gallseife riecht.
A. Is that the way one pays today, she says in this tone of whining reproach, which sounds like the smell of ox-gall soap.
D. Is that the way one pays today, she says in this tone of whining reproach, which sounds like the smell of stain-remover.

Version A is an alienating translation, retaining much of the foreignness of *Gallseife* and demanding of the reader a leap of the imagination. Version D, domesticating *Gallseife* into a 'stain-remover', leaves the reader within the familiar.

The issue arises frequently and famously with matters of cuisine, clothing, custom and mentality. It is equally unavoidable in texts concerned with institutions. How should one translate the concept *Eliteschule* (p. 66)? Should one retain this German perspective or offer the American term and outlook? Should *Volksarmee* and *Beamte* (p. 33) or *Roulade* (p. 37) be translated by a cultural equivalent, be left untranslated, or be supplied with a cultural equivalent in brackets?

To say that the correct approach to such words *must be* this or that lacks logic. There are only various appropriate translations depending on the varying target readerships.

The issue is perhaps most vexed in literary translation when it can be a matter of rendering a style, a genre or a metre unfamiliar to the target culture.

Historical Choices

Over the centuries, each method has been used for both literary and non-literary texts. But the foreignizing approach tends to be an option more in the literary sphere, where the reader is more likely to desire self-immersion in the foreign.

Venuti

Lawrence Venuti has put the issues well:

'A translation project may conform to values currently dominating the target-language culture, taking a conservative and openly assimilationist approach to the foreign text, appropriating it to support domestic canons, publishing trends, political alignments. Alternatively a translation project may resist and aim to revise the dominant by drawing on the marginal, restoring foreign texts excluded by the domestic canons, recovering residual values such as archaic texts and translation methods and cultivating emergent ones (for example new cultural forms).' (in Baker, 1998, p. 240)

Conclusion

The two paths and their respective merits are clear. And so is the necessity for choice. This is just one central example of how translation is a problem-solving and decision-taking discipline. Its motto should perhaps be the maxim of Kierkegaard: 'It is the wretchedness of human beings that they must choose'.

Revision IV

Step 1: Revision Sentences

The Material | The following sixteen sentences allow you to test the knowledge and skills acquired in the foregoing five units. Each sentence contains one or more of the essential points analysed and practised there.

Your Task | Translate the sentences below and then compare your answers with the master answers on page 153. If you find any grave weaknesses in your versions, return to the Unit(s) concerned for a second look.

Sentences | 1. Profisport ist nun mal Business. Deshalb war ich quasi schon als Jugendlicher ein Unternehmer. BORIS BECKER
2. Woher kommt es, daß es immer noch Männer gibt, auch junge Männer, die den Frauen den schöpferischen Geist rundweg absprechen? MERET OPPENHEIM
3. Not macht erfinderisch. Liebe macht blind.
4. Seit ich in der Politik bin, habe ich dazugelernt: Nur selten gilt es, zwischen einer guten und einer schlechten Möglichkeit zu entscheiden. REGINE HILDEBRANDT
5. Die Doktrin ist ein Gourmand. Am besten schmeckt ihr der Mensch. HANS KASPER
6. Es überrascht, zu erfahren, daß daran nicht gedacht worden ist.
7. Die Bilanz nach einem Jahr ernüchtert. SCHLAGZEILE
8. Eine eiserne Regel hat im vergangenen Jahr die literarische Ausnahmeerscheinung J. M. Coetzee gebrochen: Als erster Schriftsteller überhaupt erhielt der Südafrikaner den renommierten Booker Prize zweimal. IRENE NIESSEN
9. Seine unbeholfene Lyrik kann ich ebensowenig gutheißen wie seine ausufernden Romane.
10. Aus diesem Becher trinkt es sich schlecht.
11. Der Sommer, das erwähnten wir schon, war überaus ereignisreich, und zwar auf mancherlei Weise. ROBERT SCHNEIDER
12. Daß dem Verbrechen eine gesellschaftsbildende Kraft innewohnt, ist eine alte Weisheit der Soziologie, die von jeder beliebigen Verbrecherbande bestätigt wird, ganz zu schweigen von den furchtbaren Beispielen, mit welchen moderne Historiker aufwarten können. HANNAH ARENDT
13. Es gilt, Qualitätsmaßstäbe für die Prognoseleistungen zu entwickeln, damit sich die Qualität der Demoskopen überprüfen läßt. ELISABETH NOELLE-NEUMANN
14. An Saubermännern hat es in Deutschland noch nie gefehlt. GÜNTER GRASS

Step 2: Revision Translation Text

The Text

The text below, by the well-known foreign correspondent Jürgen Krönig, allows one to rehearse points learnt in the foregoing four Units and to work on the vocabulary of postmodern political Britain.

Your Task

Translate the text in its entirety and then compare your version with the master translation on page 153. If you find any weaknesses in your version, return to the Unit(s) concerned for a second look.

Jürgen Krönig, „Die Briten bleiben mit Blair auf Reformkurs"

Text

Das endgültige Urteil wird die Geschichte fällen. Aber sicher ist eins: Der Geist des Föderalismus ist aus der Flasche entwichen, die Blair entkorkt hat. Der neue Premierminister hat den Zauber des britischen *ancien régime* gebrochen, dessen monströse Zentralisierung lange Zeit gleichbedeutend schien mit Größe und Weltmachtstellung des Landes. Die Veränderung mutet radikal an in einem Land, das Revolutionen stets mit Skepsis betrachtet hat und dessen Geschichte durch evolutionäre, kontrollierte Veränderungen geprägt ist.

Jetzt aber gärt es in Großbritannien; Strukturen brechen auf, die Jahrhunderte überdauert haben. Die gesamte Architektur, die das Vereinigte Königreich bislang zusammenhielt, wird umgebaut. Und das beileibe nicht nur, weil die Schotten sich mit großer Mehrheit für Autonomie und ein eigenes Parlament entschieden haben. Die Waliser, obwohl ängstlicher und anglisierter als der schottische Stamm, dürften – wenn man den Umfragen trauen darf – dessen Beispiel folgen. Und das Verhältnis von Nordirland zum Mutterland verändert sich, selbst wenn es nicht gelingen sollte, IRA und Sinn Fein vom Terror abzubringen – was leider, wie der Bombenanschlag vom Dienstag zeigte, unverändert zu fürchten ist. So verwandelt sich Großbritannien allmählich in ein eigentümliches Konglomerat von Nationen und Regionen, die in zunehmenden Ausmaß ihr eigenes Geschick bestimmen.

Die Regionalisierung Großbritanniens bringt freilich auch Gefahren mit sich. Ethnische Abgrenzung und das Pochen auf „kulturelle Identität" können kleinliche, sogar xenophobische Tendenzen fördern. In Schottland und in Wales klagen Engländer immer häufiger über geradezu rassistische Übergriffe von seiten der heimischen Bevölkerung. Und in England selbst entsteht ein neuer Nationalismus.

Wer weiß, was wird, wenn in den nächsten Jahren ein Konflikt zwischen den Parlamenten in Edinburgh und Westminster ausbricht? Oder wenn die Engländer nicht länger gewillt sein sollten, den schottischen Stamm auch weiterhin finanziell großzügig zu bedenken? Doch trotz solcher Zweifel ist man auf der Insel vorerst entschlossen, die schwungvolle Fahrt ins Ungewisse zu genießen.

UNIT 17 The Arts

Step 1: Translating Idioms

1 Trial Sentences

The Problem One of the normally accepted rules of translation is that one should render an idiom with an idiom – if at all possible. This poses high demands on the translator's language knowledge and abilities.

Your Task Translate the following sentences into English and then compare your versions with the master answers on page 154. Even if your answers are all satisfactory, you may find it worthwhile to study the next, analytical and explanatory stage.

Sentences
1. Wenn man mit dem Rücken zur Wand steht, dann muß man Serve-and-Volley spielen. BORIS BECKER
2. Das Glück ist blind, gerade deshalb läßt es sich an der Hand nehmen. KÄTHE HAACK
3. Es gibt Frauen, die Darwin falsch verstanden haben: Sie machen aus jedem Mann einen Affen. CAROLA HÖHN
4. Der Aphorismus: ein in flagranti ertappter Gedanke. FELIX POLLAK
5. Am Anfang war das Wort. Aber es ist noch kein Ende abzusehen. WOLFGANG ESCHKER
6. Auch die schwächste Frau ist noch stark genug, um mehrere Männer auf den Arm zu nehmen. TRUDE HESTERBERG
7. Im Aphorismus ist der Gedanke nicht zu Hause, sondern auf dem Sprung. HELMUT ARNTZEN
8. Der Dichter ist das Sprachrohr der Ratlosigkeit seiner Zeit. MARIE LUISE KASCHNITZ

> *What can be translated? A story, a dramatic plot, the impressions of a living character in action, an image, a proposition. What cannot be translated is the incantation, the music of the words, and that part of the meaning which is in the music.*

T. S. ELIOT, 'Goethe as the Sage' (1955)

2 Specimen Sentences in German Translation

Sentences

A. Aufs hohe Roß setzen sich meistens diejenigen, die nicht reiten können. FRIEDL BEUTELROCK
The people who get up on their high horse are mostly those who cannot ride.
B. Alle Wege führen nach Rom, glaubte der Fromme – und blieb auf der Strecke. INGEBORG KAISER
All roads lead to Rome, the pious man believed – and fell by the wayside.
C. Das Lampenfieber kommt mit dem Talent. SARAH BERNHARDT
Stage fright comes with talent
D. Die Ehe wäre die schönste Sache der Welt, wenn es mehr Kür und weniger Pflicht gäbe. JEANNE MOREAU
Marriage would be the loveliest thing in the world, if there was more free expression and less compulsory discipline. Or: ... more artistic freedom and less painting by numbers.
E. Der Glaube versetzt Zwerge. KARLHEINZ DESCHNER
Faith moves midgets.
F. Wer a sagt, der muß nicht b sagen. Er kann auch erkennen, daß a falsch war. BERTOLT BRECHT
If you're in for a penny, you don't have to be in for a pound. You can also recognise that the penny was mis-spent in the first place.

Guidelines

1. Idioms come in at least five forms and with five levels of difficulty.
2. There are those which have a virtual word-for-word equivalent in English – such as A or 1 overleaf. Here it may be possible to render not only the idiom, but also an associated play on words – as in B.
3. Others (C) have a clear equivalent, although in different words.
4. A third group has an equivalent in English, but one which is not used with the same frequency or metaphorical intent. Here one has the choice between a 'correct' though unidiomatic translation and a change of idiomatic context – see the two renderings of D.
5. The fourth instance is where the German plays on and with an original idiom/proverb. Here one must know the original and its English equivalent and attempt an equivalent play, as in E.
6. The fifth case is where the German idiom has no really close parallel in English. Here one must fish around for the nearest equivalent and trust that any critic will follow the principle of 'Don't shoot the pianist, he's doing his best'.

Step 2: Translating the Language of the Arts

Translation Text

The Text
The text below, by the art critic Elke v. Radziewsky, has been chosen because it contains both several instances of the problem of translating idioms and useful language from the field of art description.

Your Task
Translate the text below in its entirety and then compare your version with the master translation on page 155.

Elke v. Radziewsky, „Ein Bildhauer aus England ..."

Text
Ein Bildhauer aus England, 44 Jahre alt, der Intellektueller und Industriearbeiter gleichzeitig ist. Einer, der Skulpturen wie psychologische Diagramme entwirft und sie als handwerkliche Übungen am Material vorführt. Ein Bildhauer der neunziger Jahre, konservativ um Form bemüht, *sophisticated* in seinen Bemühungen um einen Inhalt. Nicht mit Eklat und Sensation, sondern langsam schiebt sich Deacon in das Bewußtsein des Kunstpublikums.

In Antwerpen stellte Deacon dieses Jahr ein gigantisches längliches Ei auf stählerne Beine und legte das Ganze mitten auf eine Wiese. Aus laminiertem Holz. Makellos glatt. Sauber verarbeitet. Wer daran klopfte, hörte einen dumpfen, dunklen Ton. Eine Erscheinung der dritten Art, meinte der Spaziergänger. Erinnert sich an das Ei bei Hieronymus Bosch. Das Ei in alchimistischen Allegorien. Ein Kuckucksei. Ein trojanisches Pferd in Ei-Form.

Solche Reaktionen gefallen Richard Deacon. Denn Plastisches hat für ihn ähnliche Qualitäten wie Farbe. „Sagen Sie Rot, und jeder weiß, was mit dieser Farbe gemeint ist", sagt er. „Das gleiche gilt für Formen. Zwar ist das komplizierter als bei Farben, aber auch da gibt es eine Übereinkunft aus historisch und kulturell Überliefertem, aus Sexualität und Alltag."

Wie Pat und Patachon wirken zwei neue Skulpturen in der Orangerie des Herrnhausener Schlosses. Flach auf dem Boden liegt die erste, eine Stahlpfütze. Die metallene Oberfläche ist in regelmäßigen Abständen gepunzt. Porenähnliche Vertiefungen geben der Oberfläche etwas, das an Leder erinnert, an Haut.

Ihr Gegenüber in dem weiten, hohen Raum ist ein voluminöses Gebilde aus ineinandergebogenen Holzbändern. Eine Ansammlung reusenähnlicher Figuren, um die sich dicke Schlangen, ebenfalls aus Holzbändern, winden. Hinauf und hinunter und wieder hoch, noch höher, dann wieder abwärts wie bei der Achterbahn. „What makes me feel this way" heißen die Skulpturen.

The Arts 93

Die Verblüffung über die handwerkliche Virtuosität (wie hat er das nur zusammengeschraubt) entspricht der Faszination, die hochtechnische Brücken haben oder das speziell gefertigte Teil für ein Kraftwerk, das ein Schwertransporter über Landstraßen fährt. Es ist die Begeisterung fürs Manuelle, die industrielle Fertigkeit. Früher in den Kunst- und Wunderkammern waren es komplizierte Drechselarbeiten, die Rudolph II. von Österreich ebenso wie sein Konkurrent in Dresden sammelte.

| Suggestions | Reuse: *fish-basket* |

Step 3: Vocabulary Work

1 The Language of the Arts

| Your Task | Which British or American artist or architect represents which type of art or artistic movement below, and what is that art or movement called? The correct answers are to be found on page 156. |

| Artists, Architects | 1. the Bloomsbury artists (Vanessa Bell, Duncan Grant, 2. EDWARD BURNE-JONES, D. G. ROSSETTI Roger Fry; Mark Gertler)   3. Angus Calder 4. John Constable   5. **Dan Flavin**   6. *Grinling Gibbons* 7. **Gilbert and George**   8. Keith Haring 9. Barbara Hepworth, Henry Moore   10. **Howard Hodgkin** 11. *William Hogarth*   12. Edward Hopper 13. **Wyndham Lewis**   14. L. S. Lowry   15. Edward Luytens 16. WILLIAM MORRIS 17. Claes Oldenburg   18. Jackson Pollock 19. **Sir Joshua Reynolds**   20. Bridget Riley 21. James Stirling, Richard Rogers, Norman Foster 22. **Mark Rothko**   23. George Gilbert Scott I   24. *Roland Searle* 25. Louis Sullivan   26. *William Turner* 27. Andy Warhol Andy Warhol Andy Warhol 28. **J. A. Whistler, John Singer Sargent** |

| Options | A. Aktionskunst / B. Amerikanische Szene-Malerei / C. Bildhauerei / D. Chicagoer Schule / E. abstrakter Expressionismus / F. Graffiti-Kunst / G. Holzschnitzerei / H. Imperialistischer Stil / I. Impressionismus / J. Karikatur / K. kinetische Kunst / L. Kupferstich / M. realistische Landschaftsmalerei / N. minimalistische Kunst / O. Neu-Gotik / P. optische Kunst / Q. Performance-Kunst / R. Pop-Kunst / S. Pop-Skulptur / T. Porträtmalerei / U. Postimpressionismus / V. postmoderne Architektur / W. postmoderne Kunst / X. Prä-Raffaelitische Bruderschaft / Y. 'primitive'/'naive' Kunst / ZZ. Seegemälde, -stück / AA. Vortizismus / BB. Werkstättenbewegung |

Unit 18: The New Media

Step 1: Translating the Advanced Subordinate Clause II

1 Trial Sentences

The Problem Of the 70–80 standard subordinate clauses in contemporary German, many have a clear equivalent in English. Those which do not, however, repeatedly prove to be pitfalls for the unprepared or unwary.

Your Task Translate the following sentences into English, comparing your versions with the master answers on page 156. Even if your answers are all satisfactory, it may be worthwhile to do the following stage also.

Sentences
1. Wir sind zu viele und wir wissen zuviel. Und wir haben bereits zu viel Schaden angerichtet, als dass wir noch zurück könnten. JOSCHKA FISCHER
2. Aber sosehr der Essay den Gegenstand in sich aufnimmt, sosehr kommt es darauf an, daß er zugleich die notwendige Distanz zu den Dingen behält. SILVIA BOVENSCHEN
3. Soweit das Auge reichte, so weit erstreckte sich der Wald.
4. Denn jeder Schriftsteller ist in seine Zeit hinein geboren, er mag noch so heftig beteuern, zu früh oder zu spät gekommen zu sein. GÜNTER GRASS
5. Alle Männer sind gleich, einerlei ob es Franzosen, Italiener, Engländer, Amerikaner oder Deutsche sind. Sie alle wollen eine Frau unbedingt erobern. – Nur das Tempo ist verschieden. GINA LOLLOBRIGIDA
6. Das Alter ist wie ein Flugzeug, das durch einen Sturm fliegt. Wenn man erst einmal an Bord ist, kann man nichts mehr dagegen unternehmen. GOLDA MEIR
7. Anfangs florierte die Firma, um aber bereits nach zwei Jahren Konkurs anzumelden.

> The translator should therefore begin by ensuring that he knows the language he is going to translate from as well as is humanly possible, and he will never acquire that knowledge without a repeated, varied, and accurate reading of all kinds of writers.

LEONARDO BRUNI, *De interpretatione recta* (1420)

2 Specimen Sentences in German Translation

Sentences

A. So verkürzt meine Schulzeit gewesen ist, prägend war sie allemal. GÜNTER GRASS
However foreshortened my schooling was, it certainly left its mark.
B. Die Innenstadt war zu häßlich, als dass man sich da lange aufhielt.
The town centre was too ugly to stay in long.
C. Das Flugzeug versuchte verzweifelt, Höhe zu gewinnen, um dann doch an dem Berggipfel zu zerschellen.
The plane tried desperately to gain height, only to smash nevertheless against the mountain top.
D. Er hat letzten Endes das gleiche gesagt, wenngleich mit anderen Worten.
In the final analysis he said the same, albeit in other words.
E. Die Gewässer waren derart gestiegen, daß man daran ging, die Dorfbevölkerung zu evakuieren.
The waters had risen so much that they set about evacuating the village inhabitants.
F. Lebensfreude ist der Obolus, der für Wissen erlegt werden muß, aber nur so lange, bis das Wissen zum Verstehn gereift ist.
ANITA DANIEL
The enjoyment of life is the price to be paid for knowledge, but only until the knowledge has matured into understanding.

Guidelines

Basic English subordinate clauses are dealt with in the *Grundkurs*, Unit 21. On this level the following need also to be mastered:

A. Concessive/Consecutive/Final
derart/dergestalt ..., dass *so ... that; to such an extent that*
wenngleich *albeit* (but only in a verb-less construction)
zu ..., als dass *too ... to* + inf.; *too ... for one to* + inf.
um ... zu + Infinitiv a) *to* b) (firm intention) *in order to*
c) (when a thwarted expectation is involved) *only to* – as in C and 7
einerlei, ob *no matter whether*
und ... noch so *however*
so + Adj./Adv. (auch) + Verb *however*
wie ... auch immer *however*

B. Temporal/Local
sooft *as often as, every time that*
soweit (... soweit) *as far as*
so lange, bis *until*
wenn ... erst einmal *once*
wobei *in the course of which*
Or: '-ing' form – see Unit 9
For further advanced subordinate clauses, see also Unit 10

The New Media

Step 2: Translating the Language of the New Media

Translation Text

The Text	The text below, by the contemporary cultural philosopher Marianne Gronemeyer, has been chosen because it contains both excellent instances of the above point and part of a justly famed analysis of the relationship between modern culture and acceleration.
Your Task	Translate the text below in its entirety and then compare your version with the master translation on page 157.

M. Gronemeyer „Fortbewegung ohne Fortbewegung"

Text	Wie pfeilschnell auch immer der träge menschliche Körper in seinen Fahrzeugkabinen über den Globus schießt, wie sehr der Mensch sich auch schmeichelt, daß seiner Geschwindigkeitsambition von der Sache her keine Grenzen gesetzt sind, wie gründlich er auch den Raum als Raum zum Verschwinden gebracht hat, so kostet er doch immer noch Zeit. Keine Revolution der Transportmittel vermag die Dauer für die Überwindung von Entfernung ganz aufzuheben. Um die ärgerliche Zeit, die man mit der Entfernung nach wie vor verliert, endgültig zu gewinnen, bedarf es eines anderen als des „automobilen Vehikels". „Das Zeitalter der intensiven Zeit ist nicht mehr das der physischen Transportmittel" (P. Virilio). Das „audiovisuelle Vehikel" erspart die Zeit zwischen Abfahrt und Ankunft dadurch, daß es die physische Fortbewegung gänzlich erübrigt und die Welt an Ort und Stelle präsentiert. Die Epoche der „Fortbewegung auf der Stelle", der „häuslichen Bewegungslosigkeit" ist angebrochen. Die „Eroberung des Raumes" wird abgelöst durch „die Eroberung allein der Bilder des Raumes". Die Welt kann sich mit Hilfe der audiovisuellen Techniken durch ihre Bilder vertreten lassen. Ebenso wie auch das Individuum sein Bild als den Stellvertreter seiner selbst an jeden beliebigen Ort der Welt entsenden können wird, um so in Abwesenheit präsent zu sein. Die Bilder haben allen anderen Transport überflügelt, denn sie beanspruchen für ihre Übermittlung keine Zeit mehr. Sie erfüllen die Bedingung der Gleichzeitigkeit perfekt. Jeder Punkt der Welt wird in 'Echtzeit' herbeizitiert werden können. 'Echtzeit' ist der Begriff, der erfunden werden mußte, weil alle bisher gebräuchlichen Beschreibungen für Schnelligkeit versagen. Die Fernsehbilder sind schneller als pfeilschnell, windeseilig oder blitzschnell. Der Bildersatz der Realität kommt unverzüglich ins Haus. Der 'Reisende' wird zum „Körperbehinderten-Voyeur", dessen ‚wich-

tigstes Möbel der – möglichst bequeme – Sitz' ist. Für die Welterkundung ist nicht mehr seine Abenteuerlust die Voraussetzung, sondern sein Sitzfleisch. Vom Sitz aus hat er den kontrollierenden Zugriff auf die nahe und ferne Welt, wobei die Differenz zwischen Nähe und Ferne, zwischen Hier und Dort, zwischen Drinnen und Draußen absolut nivelliert ist.

Step 3: Vocabulary Work

1 The Language of the New Media

Your Task Give correct or usual English terms for each of the following key terms from the field of the new media. The answers are to be found on page 158.

Key Terms

Handy
Festplatte
speichern
der Sender
mit EDV-Kenntnissen
der Riesenrechner
in der Zeitlupe
die Diskette
Portale ins Netz
Speicherkapazität
Echtzeit
Direktübertragung
Informatiker
live senden
Anwenderprogamme
Lokalradio
nur fünf Maus-Klicks entfernt
„Ich bin drin."
Videothek
die grafische Benutzeroberfläche
Lap-top-Anschluß
der Virus
programmieren
abstürzen (lassen)
eine CD brennen
internetfähig
die Programmiersprachen
der Kleincomputer
das Betriebssystem
mobil telefonieren
multimedial
beamen
das System ist abgestürzt

Narrative

Step 1: Translating the Absolute/Ablative Phrase

1 Trial Sentences

The Problem   The absolute/ablative phrase is a common structure of considerable stylistic elegance. It is, however, more common in English than in German, so that it is important to know when and how it is legitimately used.

Your Task   Translate the following sentences into English and then compare your versions with the master answers on page 158. If your answers are all satisfactory, you may opt to omit the next, explanatory stage.

Sentences   1. Hunter, den Rekorder unter dem Mantel versteckt, fährt mit dem Fahrstuhl nach oben, schleicht den Gang entlang, schließt sein Zimmer auf, schließt die Tür hinter sich ab. JUDITH HERMANN
2. Als Sohn eines Stellmachers aus dem Berliner Wedding fand er früh seine Heimat in der kommunistischen Bewegung.
3. Der fieberhaft innerhalb von zwei Monaten geschriebene Roman brachte ihr mehrere Preise ein und ebnete den Weg zur schriftstellerischen Unabhängigkeit.
4. Ich sitze in der Kinokneipe, ein Taxifahrer im gelben Südwester an meinem Tisch, vielleicht doppelt so alt. MAIKE WETZEL
5. Als das Spiel zu Ende war, streunten sie durch die Fußgängerzonen, tranken, prügelten sich mit gegnerischen Fans, plünderten.
6. Der körperlich kleine Mann war verschlagen, feige, hinterhältig, menschenverachtend und über die Maßen brutal und grausam.

> Conductors, directors in the theatre, communicative readers of poetry, are our first-line respondents and interpreters. So is the translator. However pedestrian or exalted, however routine or re-creative, a translation is always a primary thrust of understanding. The translator is also called 'the interpreter'. He strives to transmit the sense of the source. A mirror looks into a mirror, exchanging what it can of light. Translation can modulate into a wealth of responsive genres, of 'answerings'.

GEORGE STEINER, *Errata. An examined life.* London 1997

2 Specimen Sentences in German Translation

Sentences

A. Wie viele Vormittage hatten sie in der Uni-Cafete versessen, ihren Träumen und Spinnereien nachhängend?
How many mornings had they whiled away in the university cafeteria, lost in their day-dreams and ramblings?
B. Der unbeirrte Kanzler nahm das Rücktrittsgesuch an und ernannte prompt einen Nachfolger.
The Chancellor, unperturbed, accepted the resignation and promptly appointed a successor. Or: Unperturbed, the Chancellor ... Or even: ... appointed a successor, unperturbed.
C. Jahre später verließ Dolores das Gefängnis als reumütige Bekehrte.
Years later Dolores left the prison, a remorseful convert.
D. Die fast durch Zufall entdeckte Substanz revolutionierte die Medizin des neunzehnten Jahrhunderts.
Discovered almost by chance, the substance revolutionized nineteenth-century medicine.
E. Dirk begrüßte es, daß Silvia da war. Er war froh, daß sie ihm Gesellschaft leisten konnte.
Dirk welcomed Silvia's presence, glad to have her for company.
F. Da unsere Ersparnisse aufgebraucht waren, fingen wir verzweifelt an, nach Stellen zu suchen.
Our savings exhausted, we desperately began to look for jobs.
G. Einmal gerodet werden sich die Regenwälder nie wieder regenerieren.
Once felled, the rain forests will never regenerate.

Guidelines

1. The English absolute or ablative phrase/clause, more common than the German, is of great use to the translator because it is so versatile.
2. The structure can be used in some seven cases, as illustrated above:
A. a comma'd off phrase
B. a significant adjective
C. an 'als'-phrase
D. an adjectival phrase before the noun – but only if a transitive verb is involved
E. a sentence break
F. an absolute phrase in the original German
G. several types of clause – 'da', 'weil', 'als', 'nachdem'
3. The absolute phrase can be placed a) initially (D, F, G) b) medially (B) c) finally (A, C, E). Often, more than one position is possible (B).
4. Habitually the phrase is comma'd off from the rest of the sentence.
5. Note the clear parallels with the Latin 'ablative absolute' structure.

Step 2: Translating Narrative

Translation Text

The Text	The text below, a complete *Novelle* by the major socialist and DDR author, Anna Seghers, has been chosen because it both contains several instances of the above point and offers an excellent opportunity to practise the important art of translating narrative.
Your Task	Translate the text below in its entirety and then compare your version with the master translation on page 159.

Anna Seghers, „Der Führerschein"

Text	Unter einem Haufen verdächtiger Zivilisten, die die japanische Militärpolizei in dem Keller eines requirierten Hauses in Tschapei gesperrt hielt, gab es einen kleinen, kahlköpfigen, nicht unter vierzigjährigen Mann in nicht einmal besonders zerlumpter Kleidung. Das Gesicht des Mannes, vom Nachdenken wie zerknittert, unterschied sich durch nichts von allen Gesichtern im Keller, die der Druck des bevorstehenden Urteils einander in einer Stunde ähnlich gemacht hatte. In der Kellertür stand der japanische Posten in exakter Uniform, in seinem offenen Gesicht die feste, durch gar nichts erschütterte Überzeugung, daß es seine Pflicht sei, hier zu stehen und Menschen für das Urteil zu bewachen, die verdächtigt waren, auf seine Landsleute aus dem Hinterhalt geschossen zu haben.

Auf einmal traten durch die Tür ein japanischer Offizier und einige Soldaten, die den Befehl bekamen, die Gefangenen zum letzten Mal gründlich zu untersuchen. Das Gesicht des Kahlköpfigen blieb unverändert, die seinen Körper abtastenden Hände brachten seine Gedanken nicht in Unordnung. Da gab es eine Stockung. In seinem Rock wurde ein vergriffenes Papier gefunden: der *Führerschein* des Chauffeurs Wu Pei-li. Der Japaner schickte einen seiner Soldaten weg, der gleich mit einer Nachricht zurückkam. Wu Pei-li wurde abgeführt durch den Keller in den Hof und von dort durch die Torfahrt in den zweiten Hof zu den Garagen. Er mußte zwischen Gewehrkolben warten, vielleicht als erster, auf das Urteil.

Dann kam aus dem vorderen Haus eine Ordonnanz, drei Generalstäbler, zwei Zivilpersonen. Man breitete eine Geländekarte vor ihm aus und zeigte eine Route an. Wu Pei-lis Gedanken wandten sich weg von dem eben noch unvermeidlichen Tod nach dem kleinen roten Punkt hinter den Forts. Die Japaner brachten das Auto aus der Garage. Wu Pei-li kam auf den Führersitz, die Revolver der Zivilisten waren kalt auf seinen Schläfen. Die Generalstäbler stiegen ein. „Fahr was das Zeug hält!" Er schaltete ein, hupte wie verrückt das wilde harte Hupen der japanischen Militärautos, das ihn tage- und nächtelang rasend gemacht hatte und auch jetzt rasend machte. Sie fuhren durch Tschapei, durch zerstörte, von Geschossen aufgerissene Straßenzüge, von ratlosen Menschen wimmelnd. Er zog die Straßen hinter sich her, in sein Herz verknotet. Auf seinen Schläfen spürte er die Mündungen der Pistolen, hart, doch schon nicht mehr kalt. Sie flogen über den Kai, die breite Straße zum Brückenkopf aufwärts. Rechts und links führte eine steinerne Balustrade, die auf der Brücke eiserne Gitter ablösten. Die Blicke der Offiziere auf seinem Rücken, die Pistolen gegen seine Stirn kontrollierten all seine Bewegungen, aber die furchtbare Anstrengung hinter der Stirn entging ihnen, der Auftrag und der Kampf mit dem Entschluß. Sie hatten die Balustrade gerade passiert, den Strom schon unter sich. In diesem Augenblick begriff der Chauffeur Wu Pei-li, was von ihm verlangt wurde. Er drehte bei und fuhr das Auto mit den drei Generalstäblern, den beiden Zivilisten und sich selbst in einem kühnen, dem Gedächtnis der Masse für immer eingebrannten Bogen, in den Yangtse.

Nach einer chinesischen Korrespondenz

Step 3: Vocabulary Work

1 The Language of Narrative

Your Task

Give correct English translations for each of the following useful terms in the characterisation of narrative. The answers are to be found on page 160.

Terms

spannend   zähflüssig
        fesselnd   der träge Erzählfluß
                der lange Atem des Epikers
das schnelle Tempo
                                        die Erzählperspektive
        die Erzählhaltung
die auktoriale Erzählinstanz   Multiperspektivität
            der/die allwissende Erzähler(in)
                innerer Monolog   erlebte Rede
der/die Ich-Erzähler(in)
            der Wendepunkt   die engagierte Literatur
Erzählzeit   erzählte Zeit
die lineare Handlung   die Rückblende
szenische Darstellung   die verschlungene Handlung
                        der unzuverlässige Erzähler
die Parallelhandlung
        der Schauplatz   die Nebenhandlung
                verschiedene Zeitebenen
Der Roman spielt in ...   die Rahmenerzählung
                        Schlußgestaltung

UNIT Rhyme

Step 1: Translating Rhyme

1 Trial Passages

The Problem — Rhyme is a further challenge the translator has to face – and to face more frequently than one might think. From rhymed prose, through advertising jingles, pop songs and epigrams to poetry itself, the rhyme is a feature of language which the translator ignores at his or her peril.

Your Task — Translate the following passages into English and then compare your versions with the master answers on page 161. If your answers are all satisfactory, you may opt to omit the next, explanatory stage.

Passages —
1. Jetzt wird wieder in die Hände gespuckt,/ Wir steigern das Bruttosozialprodukt. RODGAUER MONOTONES
2. Schöne Landschaft ist mir lieber als die ganze Verwandschaft. HENRIETTE SCHÄFER
3. Erst gären, dann langsam sich klären, scheint mir der sicherste Weg zum Glück. LOUISE V. FRANCOIS
4. An dem Wort erkennt man Toren wie den Esel an den Ohren.
5. Die großen Worte sind die Horte
   des Nichtpersönlichen in dir,
   wir halten sie für unsere Worte
   und unsere Dichtung wird – Papier. CHRISTIAN MORGENSTERN
6. Ich bin kein ausgeklügelt Buch
   Ich bin ein Mensch mit meinem Widerspruch. C. F. MEYER
7. Die Dichtkunst, sagt man oft und sagt es laut,
   Sie sei ein treuer Spiegel deines Lebens
   Wenn nun ein Affe in das Dichtwerk schaut,
   Sieht er nach einem Sokrates vergebens. FRANZ GRILLPARZER

Jedes Lesen eines Gedichts ist jedesmal ein Übersetzen. „Jedes Gedicht ist eine Lektüre der Wirklichkeit, diese Lektüre ist eine Übersetzung, die das Gedicht des Dichters in die des Lesers verwandelt" (Octavio Paz).

HANS-GEORG GADAMER, 'Lesen ist wie Übersetzen' (1986)

2 Specimen Sentences in German Translation

Sentences

A. Haribo macht Kinder froh. WERBETEXT
Haribo – kids like 'em so.

B. 'Sie kennen ja unsren berühmten Sänger'.
Alle Gesichter werden länger. TH. MANN
'You all know, of course, our celebrated bard'.
Everybody's face extends a yard.

C. Und wenn zu dir von Sohnespflicht,
Mein Sohn, dein alter Vater spricht:
Gehorch ihm nicht, gehorch ihm nicht. RICHARD DEHMEL
And if of you your father pray,
My son, your filial dues to pay –
Do not obey, do not obey.

D. Hinz kam zu Kunz um Rats gelaufen.
Was schenkt ein Vater seinem Sohn?
Kunz schlug ihm vor, ein Buch zu kaufen.
Ein Buch? Ach nein! Das hat er schon. ERICH KÄSTNER
Smith came to Jones to ask advice.
What does a father give his son?
Jones suggested a book would be nice.
A book? Oh no! He's already got one.

E. Hört nicht nur den magischen Tristan – hört auch den
anderen tragischen Mist an.
Don't just listen to the magical Tristan – listen also to the other tragi-
cal sh – .

Guidelines

1. Challenging as rhyme may seem for the translator, there are straightforward rules which can partly reduce the problems involved.
2. The first step, after the analysis of the text, is to note if there is any word which, by virtual necessity, must form part of a rhyme. A simple example is 'Haribo' in A, or, less cogently, 'advice' and 'son' in D.
3. Such decisions immediately limit drastically the number of options open. If no rhyme comes to mind, the translator then reaches for his or her greatest help in such hours of need – the *Rhyming Dictionary*.
4. Here rhymes are listed in their 'masculine' and 'feminine' variants. The selection on offer is almost always richly stimulating to creativity.
5. A major parallel consideration is metre. In B the original has a metre of 11 followed by 9 syllables. This too should be echoed.
6. *Schüttelreime* habitually defy all efforts at translation, even in E.

Step 2: Translating Rhyme

Translation Text

The Text	The texts below, by a variety of German poets, writers and *Werbetexter*, have been chosen because they together exhibit the frequency of the phenomenon of rhyme in everyday language.
Your Task	Translate the texts below in their entirety and then compare your versions with the master translations on page 161.

Robert Gernhardt, Erich Kästner, Rainer Maria Rilke et al.

Text

A. *Abgeklärter Dichter*
Ob ich dem X seinen Bucherfolg neide?
Die Welt ist doch groß. Sie hat Platz für uns beide.
Der nimmt mir doch nichts, diese schmierige Kröte,
außer: Den Ruhm und die Frau'n und die Knete.
ROBERT GERNHARDT

B. *Moderne Kunstausstellung*
Die Leute stehen in Sälen herum.
Sie finden das ungewöhnlich?
Das ist ja gar kein Publikum!
Das sind die Maler persönlich.
ERICH KÄSTNER

C. Müller Milch, Müller Milch, Müller Milch – die schmeckt!
Müller Milch, Müller Milch weckt, was in dir steckt.

D. *Aufforderung zur Bescheidenheit*
Wie nun mal die Dinge liegen,
und auch wenn es uns mißfällt:
Menschen sind wie Eintagsfliegen
an den Fenstern dieser Welt.

Unterschiede sind fast keine,
und was wär auch schon dabei!
Nur: die Fliege hat sechs Beine,
und der Mensch hat höchstens zwei.
ERICH KÄSTNER

E. *Herbsttag*
Herr: es ist Zeit. Der Sommer war sehr groß.
Leg deinen Schatten auf die Sonnenuhren,
und auf den Fluren laß die Winde los.
Befiehl den letzten Früchten voll zu sein;
gieb ihnen noch zwei südlichere Tage,
dränge sie zur Vollendung hin und jage
die letzte Süße in den schweren Wein.

Wer jetzt kein Haus hat, baut sich keines mehr.
Wer jetzt allein ist, wird es lange bleiben,
wird wachen, lesen, lange Briefe schreiben
und wird in den Alleen hin und her
unruhig wandern, wenn die Blätter treiben.
RAINER MARIA RILKE

Step 3: Vocabulary Work

1 The Language of Poetry: Poetical Stepping Stones

Your Task

Translate the words and terms below from the field of the analysis of poetry. The answers are arranged in 'stepping stone' fashion, the last letter of the first word being also the first letter of the second and so on. The numbers in brackets indicate the number of words concerned. The correct answers are to be found on page 162.

Terms

1. Strophe **A** 2. Anapher **A** 3. Assonanz **E** 4. Epiker (2) **T** 5. Terzinen **S** 6. Synaesthesie **A** 7. Alexandriner **E** 8. Enjambement **T** 9. Themen **S** 10. Strophe **E** 11. elegisch **L** 12. Klagelied **T** 13. Tenor **R** 14. Reimschema (2) **E** 15. Epos **S** 16. Klang **D** 17. Chor- und Reigenlied auf den Gott Dionysos **B** 18. ungereimte Verse mit fünffüßigem Iambus (2) **E** 19. Eklogen **S** 20. Sonnetschreiber **R** 21. Rhythmus **M** 22. Metrik **E** 23. Epigramm **M** 24. wohlklingend **S** 25. es läßt sich (gut) skandieren (it ~) **S** 26. sechszeilige Strophe **T** 27. Trochäus **E** 28. wohlklingend **C** 29. Reimpaar **T** 30. vierfüßiger Vers **R** 31. engl. Rondeau **L** 32. lyrisch **L**

Translation Theory V   Units of Translation

Introduction
The theory of 'units of translation' was advanced by the late British *Germanist*, Leonard Forster, in 1958 in an essay with the modest title 'Translation: An Introduction' (see Forster, ed. 1958). Written on the very threshold between the 'pre-scientific' and 'scientific' phases of Translation Studies, the model has some of the merits of both eras.

The Three Units of Translation
Before one translates a text, Forster argues, one should ask, 'What is to be my unit of translation?' On one's answer depend the nature and quality of one's translation. Broadly speaking there are three answers one can give: a) the unit is the individual word in the text b) the unit is the individual sentence c) the unit is the text taken as a whole.

The Word as Unit
If one gives answer a), then one translates word-for-word. This was largely the practice in the Middle Ages, used especially for sacred texts, whose word-order was considered divinely inspired and unalterable. A modern version is the interlinear version or 'crib' written into books by school-children or students. On a higher plane there is the version given in the Loeb Classics version of Latin and Greek texts. All such versions have one thing in common: they are not meant as a substitute for the original – only as a means to understanding it.

The Sentence as Unit
Answer b) entails that one translates according to the sense of each sentence or phrase. The method was advocated, of course, by the Renaissance humanists, at times with reference to Cicero. Luther's application of it to Bible translation marked an epoch. This method recognises that the purport of an individual sentence may be more than the sum of its words.

The Text as Unit
To give answer c), however, is to translate any one passage with reference to the whole work – to its sense and its architecture. This approach is most used, Forster claims, for short, self-contained works such as lyric poems or short stories, but is relevant too to any long text where the whole is more than the parts: where an argument is slowly built up, where the parts are logically interwoven, or simply where the end refers to the beginning. In such a text, it is important that the translator echoes the echoes of the original.

Forster's Conclusion
Forster's conclusion is gently surprising. It is not the hermeneutically logical answer that approach c) is always superior. It is the pragmatically convincing answer that the three types are not mutually exclusive. It is worth noting how this works both with the following brief texts and with the *Novelle* of Anna Seghers on pages 101-2.

Brief Texts
The strength of Forster's theory is perhaps most easily demonstrated in the

translation of such brief texts as the aphorism. Of Lichtenberg's famous *"Wie geht's?' sagte ein Blinder zu einem Lahmen. – 'Wie Sie sehen,' antwortete der Lahme'* version A below is poor since it adopts approach a) or b). Version B, adopting approach c), is far preferable.

A. *'How do you do?' said a blind man to a lame person. – 'As you see,' answered the lame person.

B. 'How are things going?' said a blind man to a lame man. – 'As you see,' answered the lame man.

Similarly with the following aphorisms of Brecht and Kraus:

1. *Wo nichts am rechten Platz liegt, da ist Unordnung. Wo am rechten Platz nichts liegt, ist Ordnung.* BERT BRECHT

2. *Mir scheint alle Kunst nur Kunst für heute zu sein, wenn sie nicht Kunst gegen heute ist.* KARL KRAUS

1A. *Disorder exists where nothing is in the right place. Order exists when nothing is in the right place.

1B. Disorder is when nothing is in the right place. Order is when in the right place there is nothing.

2A. *All art seems to me only ephemeral if it is not art against today.

2B. I consider all art merely art for today unless it is art against today.

Longer Texts

But Forster is equally relevant to a longer text such as that by Seghers. There are instances here where the translator must use approach a). An example is the word 'exakt' (line 8). 'Exact' would be a poor translation here. As Louis Fontane remarked, *'Fremdwörter haben immer etwas Gesteigertes'* in German. So 'meticulous', or 'spruce', 'punctilious', perhaps 'spick and span', is called for.

Equally there are passages where approach b) is appropriate. Consider *'hupte ... das ... Hupen'* (lines 31-32). 'Sounded the horn' or 'hooted the claxon' are poor. A version like 'honked the honk' conveys far better the re-echoing sense and simple means of the original.

And finally, approach c) is also required – required for the many repetitions, required for the text's rhythms and abruptnesses, required not least for the last word of the text. The text, the car and the protagonists alike all end up in the Yangtze. It is important that the final sentence of the translation is so turned as to ensure this effect.

A Fourth Unit

One problem with Forster's theory is that it ignores a fourth possible unit – the entirety of a language or literature. Any intertextual reference will demand sensitivity to this larger domain also. Thus

Man muß das Brett bohren, wo es am dicksten ist. F. SCHLEGEL

is again adequately rendered not by A but by B.

A. *You must drill the plank where it is thickest.

B. You must cross the river where it is deepest.

Revision V

Step 1: Revision Sentences and Passage

The Material — The following sentences and poem allow you to test the knowledge and skills acquired in the foregoing four units. In each text there is one or more of the essential points analysed and practised there.

Your Task — Translate the sentences below and then compare your answers with the master answers on page 162. If you find any grave weaknesses in your versions, return to the Unit(s) concerned for a second look.

Sentences and Passage —
1. Die Gegenwart, wie überfüllt sie auch ist, wird definiert durch das, was ihr abgeht. MARIANNE GRONEMEYER
2. Jede noch so dringliche Reform im Bereich der Bildung wird nichtsnutz sein, wenn sie nicht den lernenden Lehrer ermöglicht. GÜNTER GRASS
3. Ihre Aussichten? Tja, je nachdem wie sie mit ihrem Talent umgeht. Es haben nur wenige das Talent, aus ihrem Talent etwas zu machen.
4. Sooft ich ihn sehe, erinnere ich ihn an den Auftrag.
5. Er raffte seine Kräfte zusammen, kümmerte sich wieder um die Firma gar, um dann an einer scheinbar harmlosen Grippe zu sterben.
6. Der Staat, wie er auch sei, ist der Beamte der Gesellschaft.
7. Je phantasievoller und sensibler einer ist, desto unüberwindbarer sind seine Gefängnismauern. ESTHER VILAR
8. Nach Hause zurückgekehrt und im Begriff, meine Weihnachtsgeschenke einzupacken, bekam ich den Auftrag, dein Leben zu beschreiben, nicht im Telegrammstil, aber auch nicht allzu ausführlich ... MARIE LUISE KASCHNITZ
9. Daß du ihn völlig durchschautest, das hat dir noch keiner verziehen, er mag noch so gut dabei weggekommen sein. ARTHUR SCHNITZLER
10. So wesentlich diese Faktoren sein mögen, nach der jüdisch-christlichen Auffassung gilt: Ich bin nicht: Angestellter, Deutscher oder Frau, sondern ich bin: meine Freiheit. DOROTHEE SÖLLE
11. Ihre Lyrik ist oft ergreifend, wenngleich von gelegentlich dunkler Metaphorik.
12. Wer nichts weiß, ist nicht so beschränkt wie der, welcher, eingeschlossen in ein Gedankenkorsett, keine Erfahrungen mehr macht. LUDWIG MARCUSE
13. **Kalenderspruch**
Vergiß in keinem Falle,
auch dann nicht, wenn Vieles mißlingt:
Die Gescheiten werden nicht alle!
(So unwahrscheinlich das klingt.) ERICH KÄSTNER

Revision V 109

Step 2: Revision Translation Text

The Text The text below, on the rising Irish author Roddy Doyle, allows one to revise many structures and skills learned in the course of the volume.

Your Task Translate the text in its entirety and then compare your version with the master translation on page 163.

Irene Nießen, „Roddy Doyle. Ein Autor aus Irland"

Text Kaum ein anderes Buch hat weltweit die Leser so begeistert wie Roddy Doyles *Paddy Clarke Ha Ha Ha*, selten wurde eine Kindheit so komisch und traurig zugleich erzählt.

Die Geschichte des zehnjährigen Paddy, der 1968 mit seinen Freunden in den Vororten Dublins durch Vorgärten und verlassene Betonröhren tobt und unter der sich anbahnenden Trennung seiner Eltern leidet, besitzt unglaublichen Wortwitz. Roddy Doyle trifft die Sprache der Underdogs ohne falschen Ton. Der 1958 im Norden Dublins geborene Autor hatte ausreichend Gelegenheit, dem „einfachen irischen Volk" (wie es so hintersinnig bei Doyles Landsmann Flann O'Brien heißt) aufs Maul zu schauen. Er unterrichtete 14 Jahre Geographie und Englisch in Kilbarrack, einem Vorort von Dublin. Dort dürfte er manchem Paddy unter seinen Schülern begegnet sein. [...]

In seinem neuen Roman steht wieder ein Junge aus Dublin im Mittelpunkt: 'Henry der Held' wird 1901 in den Slums geboren. Sein einbeiniger Vater verdingt sich als Türsteher und Auftragsmörder in einem Bordell, die Mutter stirbt in jungen Jahren. Der kleine Henry lernt den harten Überlebenskampf der Straße: mutig, immer hungrig, nie auf den Mund gefallen. Mit 14 ist er ein attraktiver, hochaufgeschossener Junge, immer noch auf der Suche nach ein wenig Liebe und Gemeinschaft. So kommt Henry, dem Irland im Grunde „einen Dreck wert ist", zur Befreiungsbewegung Sinn Féin und nimmt am blutigen Osteraufstand 1916 teil. Henry S. Smart wird zur lebenden Legende, der mit dem Holzbein seines verstorbenen Vaters Polizisten erschlägt und dessen Lächeln und blauen Augen die Frauen nicht widerstehen können. Verliebt ist er in seine frühere Lehrerin Miss O'Shea, die ihn in den Slums seinen Namen schreiben lehrte und ihn später inmitten der Hitze des Gefechts gegen die britischen Machthaber zum ebenso heißen Liebesspiel verführt. Gemeinsam gehen sie zur IRA, gemeinsam töten sie vom gestohlenen Fahrrad aus verhaßte Besatzer und angebliche Verräter. Am Ende muß Henry erkennen, daß er trotz seines bedenkenlosen Einsatzes immer nur Handlanger war. Profitiert haben allein skrupellose Geschäftemacher, die schon seinem Vater kleine Zettel mit den Namen der zu Exekutierenden heimlich in die Hand drückten. Er will aussteigen ...

Answers and Appendices

... doch wie man mit eigenen Sachen selten fertig wird, so wird man es mit Übersetzungen niemals.

J. W. VON GOETHE, An Schiller, 9. Dezember 1795

Dichtung ist eine Kunst der einsamen Entschlüsse. Die Übersetzung deckt sich darin mit ihr vollkommen. Jede Zeile, jedes Wort stellt uns vor neue Probleme, deren Lösungen wir nirgendwo fix und fertig nachschlagen können.

KARL DEDECIUS, *Vom Übersetzen* (1986)

Die auf den folgenden Seiten angebotenen Übersetzungen sind nicht als die jeweils perfekte Version zu betrachten. Übersetzungen gehören zu den – vielen – Lebensaufgaben, mit denen man grundsätzlich nie völlig zufrieden werden kann.

So wünschenswert es – eventuell – wäre, sämtliche mögliche Varianten anzugeben, ist dies aus Platzgründen nicht realisierbar. Der Antwortteil beschränkt sich also darauf, zusätzlich zur *master translation* lediglich nützliche lexikalische Alternativen aufzulisten sowie auf häufige Fehlerquellen bzw. Feinheiten aufmerksam zu machen. Die Wortschatzalternativen gelten selbstredend nur für den jeweiligen Zusammenhang.

Unit 1   Teaching

Page 7: Translating the Meaningful Adjective

Trial Sentences

1. The language of Man in Paradise must have been the language of perfect recognition. *Or:* ... of perfect knowledge
2. A nice flat is an escape-proof prison.
3. Brilliance is inhumanity not worthy of admiration.
4. Today, whether someone is capable of peace can be judged by whether he is capable of disarming.
5. How nice that after only ninety years of research they can come up with half-way low-emission cars.
6. Her style was strikingly new in terms of literary history.
7. A censor is a pencil that has become a human being or a human being who has become a pencil.
8. I see no story-like phenomena in the passage of my life or in life in general.
9. Traditions are cultural matters of course which have a validity that spans the generations and which ensure orientation, guiding action and behaviour.

Page 9: The Language of Teaching

Text

Wolfram Siebeck, 'Like a Bull at the Gate'

Germany's Central Massif has received an addition. Alongside the butter mountain, the beef mountain and the mountain of letters of complaint which are written daily by parents in despair at the inadequate teaching in schools but which, because of the high postal rates of the insolvent Federal Post Office, are never posted – beside these imposing mountains a new mountain is raising its no less considerable head: the teacher mountain.

It is, professional mountaineers report, still growing, but even now is making an impression full of promise.

What it promises parents are small classes at last, classes in which children can learn more easily and perhaps even with pleasure. It promises teachers who know their pupils by name and have time to give attention to every individual, instead of seeing in them only nose-pickers in premature puberty, who attend school only to drive them, the teachers, round the bend. The teacher mountain also promises something like healthy competition among teachers; that is, it could occur to some of them to exert themselves when teaching because the teachers too are at last judged by the performance principle to which the pupils are subjected.

The teacher mountain promises to put an end to the lessons which

112 Answers

are cancelled because a teacher is ill; an end to the deadly dull teaching practices in which students are crammed full of knowledge in a way comparable to battery hens – Schiller's *Glocke* in at the top, a grade out at the bottom, and hope of getting the *Abitur* only if one has learned by heart, but no chance if one stutters.

All this the teacher mountain promises. Yet if the promise is to become true, then our school-children would have to commit suicide in far higher numbers than hitherto for fear of school-reports. For the many teachers are not too numerous because there are too many of them, but because there are too few jobs for them. And the jobs do not exist because the state must economize. Yet where does the state economize with least embarrassment? In the education of state citizens-to-be. For a democracy also needs stupid people.

Who else would elect politicians who are full of pride to describe themselves as 'Christian' or 'Social', who are proud that we have the strongest army, the most stable currency, the richest industry and the longest motorways, but the most pitiable education system of all civilized nations – who else but the stupid will in the long term wish to endorse such misappointments?

Useful Alternatives	*täglich*: each day	*beurteilen*: assess, evaluate	
	stumpfsinnig: monotonous	*sparen*: save, make economies	
	auswendig: by rote	*armselig*: wretched	

Points to Note

1. 'wie der Ochs vorm Berge': The pun in the title is probably untranslatable. Perhaps one could modify the standard English equivalent into 'Like a Bull Faced with a Mountain'.

2. 'in despair'; 'desperate': Although both are habitually translated as '*verzweifelt*', these two forms are not identical. To be 'in despair' is to feel totally without hope. To be 'desperate' is to be reckless from despair.

3. 'to attend' is the correct translation for *besuchen* in the cases of a) schools b) universities c) performances d) interviews e) church services. 'To visit a school' has the sense of *eine Schule besichtigen*

4. 'Dumme': stupid people; 'die Dummen': the stupid – for this essential construction see *Grundkurs*, Unit 18.

Page 10: Vocabulary Work: The Language of Teaching

Answers

1. gratification (techniques) 2. error analysis 3. classroom discourse 4. stimulus 5. target culture 6. learner as leader 7. teaching aids 8. interaction 9. attainability 10. trusting 11. confirmation 12. individualising 13. (learning) objective 14. project work 15. teaching module 16. classroom climate 17. role-play 18. pressure to perform 19. de-motivated 20. concentratedly 21. assignment 22. direct method 23. relaxed
Key Phrase: communicative competence

Unit 1 Teaching 113

Unit 2   Reading

Page 11: The Secondary Subordinate Clause

Trial Sentences

1. The education of children, who, when we have decayed to dust, will be the world, is the most selfless/unselfish of tasks.
2. The dilemma of the traveller lies in the fact that, if he likes it at a certain place and stays there, he ceases to be a traveller.
3. British exports were helped by the fact that, although Germany and Japan were of course re-building their economies with all the strength at their disposal, they were not present as competitors on the world market in the immediate post-war years.
4. If a person is a European under the age of 20, then the chances are 2 to 3 that, unless there is a decisive change in our life habits, he or she will die of environmental causes.
5. So the situation emerges in which young people, for whom school – if anything – guarantees a bit of security, grow up in the knowledge that, as soon as they leave school, they will be denied apprenticeships, that they could be superfluous in a society that has reneged on solidarity.

Page 13: The Language of Criticism

Text

Urs Widmer, 'On Reading'

I should like here to make an observation which has puzzled me so much over many years that, although its manifestness shines as brightly as the morning star, I did not want to consider it to be true and which then, when I did consider it to be true, I could not speak out because I was myself sitting in the glass house: namely, that those people who should be the best readers – scholars of German literature, critics, editors, dramatic advisers to theatres, i.e. the professionals – are mostly the worst. Deaf and blind mutes. Why on earth is this?

For example, for the following reason: universities have taught professional readers that their activity is a science and is consequently to be executed only with a cold heart and with a cool mind. This is a threefold error, firstly because scientists too can achieve something useful only with a warm heart and an ardent mind, secondly because a concern for books is not a science at all but partly an art and partly a craft, and thirdly because the professional readers in this way allow what is their most useful instrument of insight – their feelings observed by reason – to participate in a diffuse and unobserved way in the reading process. As if a natural scientist were to push his sample, dissolved in Rhine water, under the microscope without worrying about its composition. No

line – none worth reading – comes about without anger, grief, pleasure or rejoicing, and without the readiness and ability to experience anger, grief, pleasure and rejoicing no line can be read. For that reason alone it is often the so-called 'naive' reader, who cannot otherwise tell Büchner from Brecht, who is the better reader than the professional. In our country it is always mental intelligence but never emotional intelligence that is instilled. Readers with uneducated emotions, however, are bad readers.

Useful Alternatives

verblüfft: baffled
glänzt ... wie der Morgenstern: is as plain as a pikestaff
Probe: specimen
Evidenz: evidentness
Trauer: mourning
arglos: innocent

Points to Note

1. 'Glashaus': The English version of the proverb runs: 'People who live in glass houses should not throw stones'.
2. 'Dramaturg': The profession does not exist in this form at British theatres; hence the slight periphrasis.
3. 'Probe': It is worth noting the following forms:
Theaterprobe: rehearsal
Probelauf: trial run
etwas auf Probe kaufen: to buy sth. on approval
Generalprobe: dress rehearsal
die Urinprobe: urine sample
die Probe aufs Exempel machen: to put something to the test

Page 14: Vocabulary Work

The Language of Literature and Literary Criticism

Answers

1. homily 2. manifesto 3. blockbuster 4. sequel 5. treatise 6. monograph 7. classic 8. diatribe 9. discourse 10. compendium 11. manual 12. indictment 13. commentary 14. study 15. potboiler 16. oeuvre 17. rejoinder 18. plea 19. weighty tome 20. critique 21. chapbook 22. statement 23. tract
Key Phrase: (A book is) like a garden in your pocket

Unit 3 Literary Criticism

Page 15: The Double-Barrelled Adjective

Trial Sentences

1. One is probably well-advised to expect century-long battles/battles of the century between those parts of the world and those characters who are modernizers and globalizers and those who are conservers and resisters.
2. The 'Eric Warburg Prize' has since 1988 been awarded to people who devote themselves especially to German-American understanding.

3. Turbulent times which desire new stimulus love aphorisms. Nietzsche and modernism, for example.
4. Katina and Fine, Luisa and Conny are the heart and soul of a cheeky, bumptious girlie band with a three-strong back-up group.
5. Life – a dangerous expedition to the cruel, sly, rapacious, lewd and hypocritically sweet-tongued wild tribe of human beings!
6. I imagined Homer precisely as a waiter of childlike podginess.
7. At first the novel was in reality a confused and arbitrarily adventuresome degeneration of bound epic.

Page 17: The Language of Literary Criticism

Text

Peter Szondi, 'Theory of Modern Drama'
Hamlet's play, which presents the presumed past, '[to] catch the conscience of the king', is built as an episode into the plot, forming within it a closed sphere which allows the former to exist as its framework. Since the second play is a thematic one, and the thrust of the performance is unimpaired, the time and place of the two plots do not conflict with one another, the three dramatic unities and thus the absoluteness of the action being preserved. In *Death of a Salesman*, on the other hand, the play of the past is not a thematic episode: the present action again and again shifts over into the past. No troupe of actors appears on stage: the characters can, without saying a word, become actors of themselves, for the transition from present-time, interhuman action to remembered past action is anchored in the principle of epic form. Thus the dramatic unities are dissolved – and in the most radical way possible: memory means not only the multiplicity of place and time but also the loss of their identity altogether. The spatio-temporal present of the action is not only relativized to include other presents but rather becomes relative in itself. The salesman's house remains on the stage, but in the remembered scenes its walls are no longer recognised, in line with memory, which acknowledges no limits of time and place. [...] Thus while in the first act Loman is playing cards with his neighbour Charley, the figure of memory, the salesman's brother Ben, appears on the stage:
Willy: I'm getting awfully tired, Ben.
Charley: Good, keep playing; you'll sleep better. Did you call me Ben?
Willy: That's funny. For a second there you reminded me of my brother Ben. [...]
In order to achieve this ongoing misunderstanding within the dramatic form, Chekhov needed the thematic crutch of hard hearing. Here it emerges formally out of the juxtaposition of the two worlds, whose simultaneous presentation is made possible by the new formal principle. The superiority of this over the Chekhovian tech-

116 Answers

nique is evident. The thematic crutch, whose symbolic character remains unclear, admittedly allows misunderstanding to arise in the first place, but at the same time conceals its real origin – the concern of man with himself and with the remembered past, which is able to appear as such only after the dissolution of the principle of dramatic form.

Useful Alternatives

vorführen: enact
Stütze: support
liegt auf der Hand: is clear/plain. (The word 'obvious' tends to have a pejorative touch and so might be inappropriate here.)

Points to Note

1. 'geraten': It is worth noting the following forms:
in Panik/ Wut/Harnisch geraten: to get into a panic/rage/furious rage
in einen Sturm/die Stoßzeit geraten: to get caught in a storm/the rush-hour; to run into a storm/the rush-hour
in Vergessenheit/Mißkredit geraten: to fall into oblivion/disrepute
ins Wanken geraten: to become unstable, unsettled
auf die schiefe Bahn geraten: to get into bad ways
2. '... Episode, immer wieder geht': This is a classic example of the German running comma – see *Grundkurs*, Unit 20.
3. 'und zwar': Note how this difficult link word can be rendered in English by a mere dash – see Unit 16.
4. 'schlechthin': It is worth noting the following forms of this famously difficult word:
Er ist der naturalistische Dichter schlechthin: he is the epitome of the Naturalist writer; he is *the* Naturalist writer
Ich rede von dem Sozialismus schlechthin: I'm talking about socialism in general/socialism pure and simple
Die Religion ist ein Gefühl der schlechthinnigen Abhängigkeit: Religion is a feeling of absolute/utter dependence
5. 'das Nebeneinander': For such adverbial nouns, see Unit 8.

Page 18: Vocabulary Work

The Language of Literary Genre

Answers

1. F: epic/epos 2. B: ballad 3. C: morality play 4. Z: autobiography 5. Y: soap opera 6. S: picaresque novel 7. Q: novella(s) 8. CC: documentary novel; 'faction' 9. E: detective novel 10. I: serialized novel 11. U and DD: state of the nation novel and *roman à thèse* 12. V: panorama novel 13. G: family chronicle/family saga 14. L: short story 15. C: *Bildungsroman* 16. D: domestic/bourgeois tragedy 17. EE: campus novel 18. M: love poetry 19. X: Gothic novel 20. AA: sonnet (cycle) 21. J: historical novel 22. R: pastoral 23. BB: social novel 24. A: aphorisms 25. W: satire 26. T: travel-

ogue 27. N: fairy tale/ fairy story 28. H: farce 29. K: comedy 30. P: lyrical poetry

Unit 4 Language

Page 19: German Subjunctives

Trial Sentences

1. We have no knowledge of a plan and goal in it all. We speak as if it existed.
2. Without his connections he would probably not have become a minister. Thanks to his connections and affairs he did not remain one for long.
3. Long may he live. Hip, hip – hooray! Hip, hip – hooray! Hip, hip – hooray!
4. James, please tell the chauffeur to be so kind as to collect me from the airport in the Bentley at 2. 25 p.m. Terminal 4, of course.
5. I must make it, come what may and at whatever cost.
6. However that may be and whatever life may bring – without the tireless struggle of those who have the welfare of all mankind at heart, the fate of the world would be even worse than it is today.
7. The torments of the apartment. Boundless. Worked well a few evenings. If only I had been able to work during the nights!
8. May he not have died in vain. May the brief but rich passage of his life be to us all a lesson and a warning.

Page 21: The Language of Language

Text

Heinz Ohff, '*J'aime les* foreign words'

Again and again, at almost regular intervals, professors of German, literary columnists and writers of letters to the editors of daily newspapers lament the swamping of our language by Anglo-Saxon words. Recently, someone was quite horrified because I had used the word *Team* as if it were a German word. The word *Team*, he argued, should be forbidden. In German, one should say *Arbeitsgemeinschaft*.

I am of a contrary opinion. A little Anglo-Saxon sobriety – I almost said 'horse sense' – can do even the German language good. Thus the word *Team*, it seems to me, has the decided advantage that, in contrast to the word *Gemeinschaft*, it cannot be linked with such words as *Volk* or *Blut*. *Volksteam*, for example, sounds ridiculous. And were this absurd compound nevertheless to be used some day by this or that neologist – for in our part of the world, as is well known, ridiculousness is only rarely fatal – it would at any rate not sound as menacing as did once the ominous *Volksgemeinschaft*. A *Blutsteam* is even unthinkable, because unsayable. If only it had always been so!

Once bitten, twice shy. It is likely to have been an aversion – a most healthy aversion – to the slightest touch of Nazism, that led us to adopt many a loan word from the Anglo-Saxon lands. [...]
For example the *Gleichtakt der Herzen* ('unison of hearts') has since time immemorial been part of the favourite phraseology of demagogues, especially German demagogues. Now the English word 'beat' has been widely adopted in German for the word *Takt*. *Beat des Herzens*? It would leave even Goebbels powerless. The Anglo-Saxon loan words have taken the demagogy out of our language. [...]
It remains only for us to hope that we will as soon as possible find an Anglo-Saxon loan word for that disastrous expression which – for lack of a better, unsullied term – I used right at the beginning of my short apologia for Anglo-Saxon borrowings, namely *Überfremdung* (swamping by a foreign culture).

Useful Alternatives

immer wieder: repeatedly   *lächerlich*: risible
Scheu: (here) reluctance to use   *in Ermangelung*: in the absence
unbelastet: unbesmirched   of

Points to Note

1. 'Abstand': It is worth noting the following forms:
mit (großem) Abstand: by a long way, by a long chalk
in Abständen: at intervals
Abstand nehmen von: to distance oneself from; refrain from (doing)
Abstand zwischen den Zeilen: spacing
2. 'sich einbürgen': This increasingly common term is perhaps best rendered by 'to become established'.
3. 'swamping': This, at least, was the verb Margaret Thatcher used, when in 1979 she infamously claimed that Britain was being 'swamped by an alien culture'.

Page 22: Vocabulary Work

The Language of Linguistic History

Answers

1. P 2. S 3. O 4. H 5. M 6. Y 7. R 8. D 9. B 10. J 11. F 12. U 13. E 14. V 15. Q 16. W 17. L 18. C 19. K 20. X 21. N 22. T 23. A 24. G 25. I

Revision I

Page 25: Revision Sentences

Sentences

1. Even with the boldest optimism, there is no way one can talk of 'global action' when it comes to environmental policy.

Revision I 119

2. Ideologies are monocultures: dominating the market for a time, they wither as the soil becomes fatigued.

3. Here criteria alien to literature lead to a drastic misassessment of his significance as a writer. (*perhaps*: 'as a poet')

4. The success of a man with a woman begins when she admires him because he is able to eat three big pieces of gateau, or when she laughs as, while other men get heated, he merely declares: 'On that issue, I have nothing to say'.

5. Never has there been a present more related to the past than our own. *Or*: '... more past-related ...'

6. Only very few people are Christmas-proof. (*The glorious play on words here is probably untranslatable.*)

7. He was walking along beside his tipsiness and acting as if they were not acquainted with one another.

8. In criticizing the Federal government, I am accepting it as worthy of improvement.

9. Oh, if only he had listened to me! Now it is too late, too late!

10. What our most recent literature offers us of the development of human society to date is above all one thing: laundered history. The natural smell and exhalation of things would be likely to simply suffocate us.

11. It is only mystically pure humanity, the ahistorical, timeless primeval poetry of Nature and of the human heart that are capable of becoming art

12. The Hongkong factor has placed a strain on Sino-British relationships for decades. *Or*: 'placed' (*should the strain ever become a thing of the past.*)

13. The most important factor for the flourishing of art would thus be if at those points where decisions are taken on what is to be understood by art people with an 'understanding of art' were to be at the helm.

14. There is no question that jokes too are a revolt against the system of co-ordinates which constitute run-of-the-mill human society.

Page 26: Revision Translation Text

Text

Hannelore Schlaffer, 'The Gothic Tale'

The motif and mood characteristically created by the Gothic tale so as to engross the reader in the action are not suited to the originally witty narrative of the novella, which presupposes a distance to the material narrated. Nevertheless, in its hunger for material, the novella has also taken up this subject, with the result that the Gothic tale emerged as a form in its own right – a form which it would, admittedly, be otiose to distinguish from the Gothic novel. At least, it becomes evident in the late example of Poe that, how-

120 Answers

ever little the type of narration which he brings to a climax seems to have to do with the old European form, he as an author is thoroughly conscious of his origins, with the result that structures from this form carry the non-novellistic motifs which he employs.

Poe's tale *The Mask of the Red Death* translates the structure of the *Decameron* into characters and locations and can thus be seen as a model of the way in which this author takes his place in the novella tradition. In the flight of Prince Prospero and his courtiers from the plague into the 'deep seclusion of one of his fortified abbeys' one can detect without difficulty the framework theme. In the companionship of a thousand life-loving people, the *brigata* of the *Decameron* is reborn. The narrative consists in the portrayal – with only a modicum of action – of a festivity, at which the most grotesque masks cavort. On the stroke of each and every hour, the wellnigh blasphemous pleasure of the feasting is interrupted by the sombre sound of a clock sited in the last of the seven rooms through which the dancers move. Finally, at the midnight hour, a new mask appears – that of death itself. [...]

Poe has thus translated the structure of Boccaccio's work into a subject. The structure, which in other works of literature has to be found beneath the surface of events, has now become an easily readable text. Poe's tale is narrated structure.

Useful Alternatives	*verstricken*: to involve deeply, entwine *sich eignen*: to be suitable/appropriate for *Stoffhunger*: hankering for material *Muster*: (here) paradigm *Höhepunkt*: zenith, highest pitch *sich tummeln*: to disport oneself
Points to Note	1. *als eigene Form*: 'as a form of its own', 'as a form *sui generis*', 'as a form in its own right'. For other problems and structures concerning '*eigen*', see *Grundkurs*, Unit 2.

Unit 5 International Relations

Page 27: German Structures with No Noun Subject I

Trial Sentences	1. Where you eat for free, the cooking is always good. 2. Where there are loudspeakers, people are gargling with culture. *Or*: culture is being gargled with 3. I don't get it. Everywhere economies/savings have to be made and then thousands of millions are squandered on mammoth projects. 4. We used to know where to take our bearings from. In those days people still went rambling.

5. Our environment cannot be helped by good ideas and campaigns alone.
6. Where there is nothing, there can be no philosophy/philosophizing.
7. Be it at the customs or in the police, bribery is universal.

Page 29: The Language of International Relations

Text

Gerhard Baum, 'What Peace Means to Me'
For those who have experienced what war, starvation, privation and poverty, night-time air raids lived through in fear, towns burnt and reduced to rubble and never-ending streams of refugees mean, the ensuring of peace is the central task of politics. Many citizens have not had this experience. For the young people who grew up after 1945, war is not the Second World War but the Vietnam War. To them especially we must make clear what it means to live in peace, freedom and a prosperity for which many peoples envy us.

Peace, however, does not only mean the absence of war. Peace must be perpetually struggled for. The concern for peace must become an overarching element shaping all areas of our private and political lives.

The Peace Movement and Alternative Life-Styles

Today the ecological and peace movements are a corresponding challenge to politics. In view of the – indeed terrifying – prospects which the *Global 2000* report opens up for the situation of the environment in the year 2000, politically sensitive and predominantly young people are making demands which are, basically, justified. The argument here is, in the last analysis – and this is unfortunately often misunderstood – not about the goals but about the methods, measures and periods of time by and within which justified and necessary demands can realistically be pushed through. In these arguments there is no alternative to coming to an understanding, to listening, to talking with one another. Otherwise, there can be no peace at home. It is simply better to speak more with one another rather than about one another.

Useful Alternatives

Bombennächte: nights of bombing
Sicherung: securing, guaranteeing
Bemühen: endeavour/struggle to achieve
darstellen: represent; (here) pose

Points to Note

1. 'angesichts': For such demanding prepositions see Unit 12.
2. 'Durchsetzung', 'Zuhören' etc.: Note that the second half of this text contains many verbal nouns, for which the best solution is most often not a noun but some other part of the verb in question – see *Grundkurs*, Unit 15.

122 Answers

Page 30: Vocabulary Work

The Language of International Relations

Answers

Across 5. jingoism 7. envoy 9. shuttle diplomacy 12. break off relations 14. NATO 15. agreement 21. Warsaw Pact 22. diplomatic bag 26. xenophobia 28. cultural attaché 29. boycott
Down 1. violate (a/the) treaty 2. Court of International Justice 3. diplomatic immunity 4. policy of non-intervention 6. hot-line to Moscow 8. bloc 10. gun-boat diplomacy 11. sovereignty 15. alliance 18. developing country 20. 'hawk' 24. 'dove' 25. buffer state 27. embargo

Unit 6   The New Europe

Page 31: Impersonal Constructions with 'Es' I

Trial Sentences

1. One sits best/easiest among people whom one will never see again.
2. There is a crisis in the sector. The boom is over.
3. There were again severe disturbances/excesses.
4. The fact that the Attlee government had omitted to guarantee an increase in industrial productivity through long-term planning took its toll. Or: Britain paid the penalty for the fact that ...
5. In this language I have endeavoured to write poetry: in order to speak, to find my bearings, to reconnoitre where I was and where life/fate was taking me ...
6. At six in the morning the door-bell rings. There is a knocking at the door. Mark totters to the door, holding the blanket gathered around his body.
7. Outside, dawn is already breaking and the birds are beginning to chirp.
8. **Because I said
This place stinks!'**
Some chamber pots were
Emptied over my head –
As proof to the contrary.

Page 33: The Language of the New Europe

Text

Günter Grass, 'A Speech about Location'
Not all of a sudden but rather bit by bit, the Eastern bloc system collapsed, the iron curtain dividing Europe became porous, the wall separating the Germans fell and with the permission of the victorious powers of a former period we were allowed to unite – more: from now on we could act with sovereignty.

Only rarely does history grant such largesse. In addition, this accelerated process passed off without bloodshed. The East German state gave itself up non-violently. Whatever injustices are to be laid at its door and however few reasons there may be to speak well of the GDR, this meritorious attitude in its final hours should be beyond argument; we owe it to the *Volksarmee*, the *Volkspolizei* and their then chiefs that there was no shooting. And it was probably for that reason too that the people in East and West shouted, 'Amazing! It's amazing!' – so taken aback were they by the good fortune.

Yet soon after history withdrew its rarely granted largesse. No, it was not history but us who allowed the good fortune and the possibilities of a German unification to be squandered. [...]

We have had seven years to find our bearings in a new society. There is, it is true, no lack of model projects à la master builder. But the balance sheet of all the actual and all the absent endeavours nevertheless looks meagre. Germany presents itself to the world withered into a mere business location, and in addition weighed down with a capital which the government in power and its civil servants will move into only on payment of hazard allowance. We stand here sobered, alien to each other and all too sheepish, but also shivering because devoid of social consensus.

Nevertheless, one minor consolation remains: times like these are good for literature. Where there is a stench, there you'll find the writers who believe in themselves.

Useful Alternatives	*Stück nach Stück*: piece by piece, little by little

durchlässig: pervious   *fortan*: henceforth
sich aufgeben: to surrender   *Gunst*: favour
erteilen: bestow   *dürftig*: scanty

Points to Note

1. 'Nur selten': Note the obligatory inversion if the English translation begins with a negative adjunct – see *Grundkurs*, Unit 17.
2. 'So taken aback were they': Note equally this equally obligatory inversion after an initial 'so' followed by an adjective/adverb.

Page 34: The Language of the New Europe

Answers

1. Ten years after the Fall of the Wall: sobering balance-sheet
2. Despite Currency Union and Re-unification
3. The expansion of the EU to the East slows down
4. Reconstruction of the former Eastern Germany termed a 'matter for the boss'
5. The Eastern Bloc becomes a group of non-aligned states
6. Decline in population in the new federal states
7. Leader of the opposition exploits anti-European mood

8. Free market economy ousts communist régie economy
9. The Euro in free fall
10. British entry to Euro zone more uncertain than ever
11. Fischer calls for a European federation
12. The inventiveness of several governments in the fulfilling of the Euro criteria astonishes many
13. „Treading the path of reconciliation together"
14. Germany's job market collapses in January
15. Early general election demanded in Bulgaria
16. Yeltsin: Restore order in Russia
17. „Community" of Soviet republics transformed into a „Union"
18. Havel calls for neighbourly co-existence

Unit 7   The New Ecology

Page 35: From German Adverb to English Verb or Tense

Trial Sentences

1. The Englishman liked to see himself on the sea: the German liked to see himself in a forest. There can hardly be a pithier expression of what divided them in their national sentiments.
2. Our products remain in demand.
3. He has no majority, no budget and no minister of trade and industry – but he wants to go on muddling through nevertheless.
4. She is known to be an early riser. Perhaps that is why the two of them are forever having quarrels. *Or*: As is well known, she is ...
5. There used to be the saying that 22 people play football and in the end it's always the Germans who win. We have now come to be beatable ourselves and so to be more human and popular. But we have reached a point where this can easily turn into pity.
6. We prefer to rely on other suppliers from now on.
7. The German reading public, which otherwise tends to be unprejudiced and international, has hitherto grasped the phenomenon of Joseph Conrad only slowly and hesitantly.
8. I just chanced to meet him last week. Things took their inevitable course, and now we're spending our holidays together on Sicily!

Page 37: The Language of the New Ecology

Text

Elke Heidenreich, 'Madness'

Now ... I am not keen on thinking in Old Testament dimensions such as an eye for an eye and a tooth for a tooth. But this mad cows disease affair seems to me a just revenge of the tormented animal world – although precisely animals have no notion of revenge. They must first be so abused, tortured and exploited that they are destroyed in the process and drag us down with them into destruction. I can still see before my mind's eye the pictures of oxen, their legs broken, being beaten by the abattoir staff because the creatures cannot take the final steps to slaughter. Cows, penned up in wretched mass husbandry, scarcely receive any grass – which would be their natural food – to eat but carcass meal, the cheaply ground remains of other tormented creatures.

Can they only resist with a madness which is transferred to us? Bitterly I think how it serves us right; bitterly I think that now at last perhaps the last ninny will understand what we are doing to ourselves and to the world when almost every day everyone has to heap meat onto his or her every plate. Take a look at the company canteens and the restaurants – schnitzels, cutlets, stuffed meat rolls, steaks, stews, rissoles, even on your salad turkey strips, because salad alone just cannot be. Anyone who has ever seen how turkeys are penned together, their bleeding and crippled feet standing in their own shit (during fattening, mucking out is done twice a year – i.e. once in each turkey's life), will not be able to stomach any turkey meat ever again. Now at last, now that these terrible pictures of ill people (and, note, white Western people) are in the papers, now at last – perhaps, one hopes so – a process of re-thinking will set in. We always need a very, very long time for the penny to drop. But when the world is going to rack and ruin, when there is no longer any pure water or pure air, when the last cheapo tanker has spilled its oil into our seas, when entire stretches of countryside have been laid waste by tree felling, when peoples are wiped out by epidemics and the others can go out only in protective armour because there is no longer an ozone layer – then perhaps someone will come and say, 'Oh, have we done something wrong?' We are fat, we have diseases of the metabolism, we go on diets and fasts – but we eat every morsel off our plates, and meat has to be on them as often as possible. The misery of animals, their merciless exploitation, maltreatment and degradation into a commodity has only rarely moved us. Now the price has to be paid. And quite right too. And some day even dumb nature will draw attention to itself. But then it will be too late. There are days on which I am glad to be over 50.

Useful Alternatives	
nichts von etwas wissen: to have no conception/idea of	
Schlachthof: slaughter-house	*jämmerlich:* miserable, pitiable
grimmig: grimly, angrily	*Trottel:* twit, dimwit
Abholzen: deforestation	*leerfuttern:* to eat every scrap

Points to Note

1. 'mißbrauchen', 'Mißbrauch': It is worth noting the following forms of these regrettably common words:
Kindermißbrauch: child abuse

Drogenmißbrauch: drug abuse
Amtsmißbrauch: abuse of office
Mißbrauch der Notbremse: improper use of the communication cord
2. 'Schnitzel', 'Kotelett': A *Schnitzel* an also be translated as 'veal cutlet'; a *Kotelett* is a 'chop' when it is of pork or mutton.
3. 'hoffentlich': The purist will still translate 'I hope (so)', 'one hopes (so)' etc. The incorrect use 'hopefully' (= *hoffnungsvoll*) is, however, common and presumably unstoppable.
4. 'When ... when ... when': In such anaphoric constructions, the mere comma is the correct punctuation – see *Grundkurs*, Unit 20.

Page 38: The Language of the Ecology

Answers

1. ozone 2. ecological equilibrium 3. Ministry of the Environment 4. toxic waste 5. ecological hazard 6. drainage 7. environmental politics 8. sewage sludge 9. eutrophication 10. non-polluting 11. ground-water 12. radiation 13. noxious emissions 14. smog 15. garbage 16. eco-catastrophe 17. ecocide 18. extremely toxic 19. contaminated 20. dew 21. waste oil 22. low-energy houses 23. solar (energy) 24. regulation of rivers 25. smell nuisance 26. exhaust fumes 27. save 28. eco- 29. overgrazing 30. gases 31. special waste 32. environmental activist 33. tip 34. power station 35. non-returnable bottle

Unit 8   The New Technology

Page 39: Adverbial and Prepositional Nouns

Trial Sentences

1. The ballad as genre takes no interest in either the run-up to or the aftermath of the event it depicts.
2. Heinrich Albertz is now at the centre of those who are fighting for a different form of community/human togetherness.
3. – There is no way back. – There is no way forward either. – There is the absence of a way forward and the absence of a way back. – There is (a) standstill. Nothing else.
4. The rapid to-ing and fro-ing of air travel is confusing.
5. The decisive point is that there is no longer a world beyond. The world is closing.
6. Is closure now imminent for the women's centre?
7. A perpetual fluctuation in birth rates?
8. Around 1800 the way in which the past is re-created and the reasons for doing so are changed by the revolution of historicism.
9. What does nihilism mean? That the uppermost values lose their

value. There is no goal. There is no answer to the question 'Why'/ 'To what end'?

Page 41: The Language of the New Technology

Text

Oskar Lafontaine, 'An Eco-Technological Relationship to Nature is Called For'

We human beings have the capacity to learn. We are free to let our discernment lead us on to the right or the wrong course of action. Yet we should consider one thing: there can be no going back from technological civilization. I have nothing against a Romantic reverence for Nature. How impoverished we would be if we could no longer perceive Nature as Creation, if we no longer had respect for living creatures. Yet Romantic reverence for Nature is not much use as a principle of industrial society if it is unable to give its approval to the technological process of production. If one cannot give one's approval to technology, one will be unable to submit it to ecological criteria. This is why we would do well to espouse the ideas of Günter Ropohl, who, in his book *Imperfect Technology*, argues for taking as the underlying principle of our industrial society not a neo-Romantic reverence for, but a 'eco-technological' relationship with, Nature.

The first condition of an eco-technological relationship with Nature is that humankind does not, with the technological means at its disposal, interrupt or destroy the interconnections of the ecology, the dovetailing of natural processes. We must not allow ourselves to abandon Nature bit by bit to technological exploitation, but must see the effects of our technological interference with Nature in a global context. Mankind's technological intervention in Nature must have limits. Wherever these limits are transgressed, Nature strikes back. This has been the experience of, for example, the inhabitants of the Veltlin Valley.

Some problems can be solved by an increased use of technology, others by reduced use. Yet wherever a technology transcends the human dimension, wherever it sets in train developments which pin mankind down, wherever it blunts the creative abilities of the human race, wherever it destroys the natural foundations of human life – at that point there is only one sensible solution: to forgo the technology in question. Forgo a technological possibility? To many ears the question has a heretical ring. For millennia, technology has been in the service of humankind. In the last hundred years in particular it has, with mighty achievements, aided mankind in making unprecedentedly lofty advances – lofty in the fullest sense of the word, as symbolized by the landing on the moon. In such successes, however, it forgot that the intoxication of lofty flight leads, Icarus-like, to self-destruction.

Useful Alternatives	*taugt wenig*: is of little worth, is not worth much *Naturfrömmigkeit*: piety towards Nature *bejahen*: to say 'yes' to *Bedingung*: prerequisite *Vernetzung*: the inter-locking, interaction *abgestumpft*: deadened *verzichten auf*: to renounce sth, to do without sth.
Points to Note	1. 'eines bedenken': Note that after such colons comes a small letter. 2. 'Natur': the natural world at large is 'Nature', capitalized. The meaning of 'nature' tends to be *Wesen*. 3. 'Eingriff', 'Zugriff': It is important to know the difference between an 'interference', which has a negative, destructive connotation, and an 'intervention', which is beneficial.

Page 42: Vocabulary Work

The Language of the post-1989 Economy

Answers	1. commodity 2. entrepreneurial 3. free enterprise 4. hype up 5. free market economy 6. internal market 7. régie economy 8. state dirigisme 9. rise in productivity 10. make profits 11. slump 12. over-production 13. recession 14. upturn 15. short-term profit 16. shelter 17. protectionism 18. social justice 19. growth rate 20. on-job training 21. excessive 22. spawn bureaucracy 23. competitive **Key phrase**: in the age of *post-histoire* (note that the hyphen is part of the crossword in No. 15.)

Revision II

Page 45: Revision Sentences

Sentences	1. I like having my head uppermost. 2. What is it like fencing without an opponent? One sees oneself in the mirror. 3. In a lapidary, poetic manner, she has torn her stories and characters, sharp-edged, out of the diffuse disorder of life. 4. The British car industry is forever getting into crises. – No wonder: the pound has become/has come to be clearly over-valued. 5. Did the election set-back mean the final end to his political ambitions? They debated the pros and cons. 6. One used to be allowed to while/fritter away years – now not a single day. 7. In Germany we don't bribe. In Germany we influence/exert

influence. And what is in the newspapers is not half as important as what is not in them.

8. Benno, the water is still dripping in the cellar.

9. For some years marriages have been on the increase again. Or: ... there has been an increase again in the number of people getting married.

10. View of a cathedral – for six hundred years people were building it and in one instant you can enjoy the peace after six hundred years of work.

11. Even before the match there were street-battles between the rival groups of fans.

12. Peace is when the shooting is elsewhere.

13. People cry in a Rolls-Royce too – perhaps even more than in a bus.

14. Should one use/treat reason reasonably? And if one should, could one?

15. She/They just had a hankering for peace and quiet and seclusion.

16. Where people speak they also lie. Where they write they also cheat.

17. It remains a thorny/tricky/delicate issue. Or: It's still touch-and-go.

18. The fact that sermons are preached in churches does not make the lightning conductors on them superfluous/unnecessary.

Page 46: Revision Translation Text

Text

Helmut Swoboda, 'Does the Future Have a Future?'

Last but not least it needs to be pointed out that the end of growth of a certain kind does not, of course, mean the end of growth of each and every kind. The situation is rather that very often there are conflicting trends and that – be it through natural development, or be it through economic or political decision-making – one type of growth is fostered but the competing type held in check.

To cut back on, say, production of consumer goods would thus by no means necessarily lead to a general end of economic growth altogether – to manpower cuts, mass unemployment and similar dreaded phenomena. It will in part even be a question of correcting false developments in the past by the deployment of substantial capital, material and labour. To put it graphically, it will be a matter of laboriously ripping up an asphalt or concrete surface, scattering grass seeds and looking after the new lawn.

In this context, the European Parliament has issued some

remarkable statements and in the process coined some very happy phrases.

This report of the Committee for Welfare and Health contains the following statement: 'The protection of the environment opens up to industry new markets of hitherto virtually unknown dimensions. Thus the outlay of the chemical industry for investment, running costs, research, development and the conversion of production methods to accomodate considerations of environmental protection is continually rising.' [...]

The essential issue today, therefore, is not least to put a brake on rampant, wellnigh cancer-like growth and, if need be, to transform it into a process of running-down so as to gain better opportunities for that type of growth that seems more urgent in the present situation. The question is thus not 'Growth or stagnation, progress or marking time?' but rather 'Growth in consumption or growth in social terms, more material goods or more non-material values?'.

Useful Alternatives	*Drosselung*: a curbing of; to curb *bisher kaum bekannt*: virtually unprecedented *Aufwand*: expenditure *wild wuchernd*: unchecked

Points to Note	1. 'last not least': This is one of the several examples of pseudo-English current in modern German. Others are '*Happy-End*' for 'happy ending' and '*Twen*', a non-existent word in English, which has only recently received the English equivalent, a 'twenty-something'.

Unit 9 Separatism

Page 47: The '-ing' Form

Trial Sentences	1. The Swiss love their railway, travelling on the SFR 39 times per year each and each covering 1700 km – a European record! 2. The cat climbed up the tree trunk, darkening the sun for a moment. 3. Being almost broke I had to make do with the hot-pot of the day. 4. He was elected chairman, several colleagues, however, demonstratively abstaining. 5. On reaching the bend in the river, they pitched their tents. 6. His carefree childhood ended early in tragedy, his mother committing suicide when he was twelve, he himself being not uninvolved. 7. Christine is sitting beside him on the verandah, bare-foot, her

knees as often drawn up against her body, and is cutting the last flesh from a mango kernel. She says, 'I know. Brenton (has) told me.'
8. Good conversation consists not in saying something intelligent oneself but in listening to something stupid. Or: ... having something stupid to listen to ...

Page 49: The Language of Separatism

Text

Reiner Luyken, 'Rise Now and Be a Nation Again'
The sensation could not be more total. The top-circulation newspaper in Great Britain is calling for an upheaval. In the newsagent's there is not a copy to be had. In front of the shop men are standing around in groups discussing. The postman interrupts his round, switching off his engine and listening to the BBC news on the car radio. The *Sun*, the hard-hitting tabloid with a circulation in the millions and the vulgar embodiment of Great British chauvinism and anti-French vilification of the Continent has taken the side of the Scottish Nationalist Party (SNP) – the party which urges the dissolution of the United Kingdom. Will the tide of nationalism, in the wake of the Soviet Union and Jugoslavia, now tear the island apart?

The front page – covered with the national flag in blue and white – summons its Scottish readers to 'Rise Now and Be a Nation Again'. Underneath: 'Why Scotland Must Become Independent'. On seven special pages the Glasgow edition of the mass-circulation paper from Rupert Murdoch's Australian, British and American press empire argues why the time has come to 'cast off the chains of Union'. One Professor Barrow, professor of Scottish History at the University of Edinburgh, unmasks the corrupt intrigues of the nobility who in 1603 engineered the Union of Crowns and in 1707 the Union of the Scottish and English parliaments. The leading article states that the marriage of the two countries is now so much on the rocks 'that it can no longer be salvaged'. And on page 5 the deepest wells of national pride are tapped: 'Our Qualities are Admired the World Over'. As examples of the superiority of the Scottish race are listed Neil Armstrong, the first man on the moon, Lulu, a female pop singer hitherto unknown to me, a series of football stars (of whom even I was aware) and of course Sean Connery, recently elected 'the most erotic man in the world'.

An opinion poll carried out by the *Glasgow Herald* revealed that 55 per cent of the citizens of this nation want their independence. In Inverness, the regional capital of the Highlands, the landlord of the 'Haugh Bar' announced that he would henceforth ban Englishmen from his pub 'until the day on which we gain our independence'. In Edinburgh, the daily newspaper *The Scotsman* organized a debate entitled 'Scotland at the Crossroads'. The crowds thronged in, the debate being broadcast in its entirety by BBC Scotland and the Nationalist leader Alex Salmond being cheered like a boxer in the ring.

Useful Alternatives

auflagenstärkst: most-read
in Stücke: asunder
etliche: a good number of, a clutch of
Verkörperung: personification
Fähigkeiten: abilities, talents
bejubeln: to acclaim

Points to Note

1. 'perfekt': a classic example of a partial false friend. Note the forms:
sie spricht perfekt walisisch: she speaks perfect Welsh
der Vertrag ist perfekt: the contract is concluded/all cut and dried
2. 'derart, dass': for such subordinate clauses, see Unit 18.
3. 'die Tageszeitung *The Scotsman*': This is one of many points in the text where the original contains information superfluous to an English reader. Any translation therefore presupposes a decision on who one's audience is – see Translation Studies IV.

Page 50: Vocabulary Work

The Language of Independence Movements

Answers

1. upheaval 2. home rule/Home Rule 3. devolution 4. plebiscite 5. overthrow 6. centralism 7. administer 8. federalism 9. anti-British 10. racial superiority 11. chauvinism 12. grant independence 13. deprivation 14. submit to 15. underprivileged 16. overpowerful 17. resentment 18. untenable 19. engineer 20. tap wells 21. fan emotions 22. tear asunder
Key Phrase: Arise and be a nation again!

Unit 10   Feminism

Page 51: Advanced Subordinate Clauses I

Trial Sentences

1. Little as Karoline von Günderode can be fitted into one of the definitions of literary history – 'Early Romanticism', 'Classical Age' – she is hardly conceivable without the intellectual contact with those who, around the turn of the century, constituted the new literary turn.
2. Prejudices: provisional judgements, insofar as they are taken as principles.
3. The longer I observe our political class in Bonn and Berlin, the more I am afraid of one day becoming like them.
4. They must be fearing for their job – if they still have one.

5. The future can be dazzling or gloomy, depending on how we treat our planet.
6. Supposing our suppliers are strike-bound/affected by a strike, what then?
7. There was a heat wave, the like of which I had never experienced.
8. The ease with which she learned foreign languages was matched by the difficulties she had with economics. Or: She found economics as difficult as she found languages easy. As far as her professional prospects were concerned, however, she remained pretty optimistic.

Page 53: The Language of Feminism

Text

Gertrud Lehnert, 'With your Mobile Phone in the Peepshow'
Women are looked at: men look. Men stage themselves *through* their glances, women stage themselves *for* the glances of men. Only those who are on the outside can look at someone because they have a distance to the other person and to themselves. To be looked at means having no distance to oneself but being kept at a distance by the other person; it means ultimately being on the inside. The *flâneur*, that new human type emerging in the nineteenth century, unites within himself the power of the glance and ceaseless movement in the outside world of the city; both things have a male connotation – there are no female *flâneurs*.

The *flâneur* gives the experience of isolation in a crowd a positive twist, making it the quintessence of modern life. He seeks the masses in order to feel arrogantly alone within them. For all his ostensible goal-lessness, he is nevertheless the agent of his own life, which is realized in glances. For the *flâneur* manages to reduce his need for communication to the fleeting glances he exchanges with other people, unknown people. Charles Baudelaire writes that just as the air is the bird's element so are the masses the element of the *flâneur*. The latter lives, claims Baudelaire, in the surging of the crowd, in movement, in transience and in infinitude. [...]

In this way, traditional romantic love also takes on a new appearance. Hitherto it meant a passionate, exclusive love, one that totally subjected the self but was impossible, i.e. not capable of being lived (in most cases the lovers renounce one another; sometimes one or other of them dies). Its duration was not fixed: a romantic love can, in certain circumstances, last a lifetime, for precisely the incessant unrequitedness of the feeling determines its immortality. The new city situation and the life-style of the *flâneur*, which mutually condition one another, bring into being a new form of romantic love at first sight: two people unknown to each other meet in the crowd, glance at one another, and in this glance is kindled a passionate desire, a love which, in the fraction of a second, takes its course within the imagination – and then it is over. There is no longer any striving for duration – no *'Verweile doch, du bist so schön'* ('Tarry, you are so lovely') as Goethe could still write, distracts any longer from the pure presentness that has become the hallmark of (male) modernity.

| Useful Alternatives | *sich inszenieren*: to present oneself *unaufhörlich*: unending, incessant *Ziellosigkeit*: aimlessness *Gesicht*: aspect | *Blicke*: roving eyes *scheinbar*: apparent *flüchtig*: transient, fleeting *bedingen*: determine |

| Points to Note | 'das Außen': for other such adverbial nouns, see Unit 8 'die Moderne': One must distinguish between a) *die literarische/künstlerische Moderne* – 'modernism' b) *die Moderne als Zeitalter um 1910—1930* – 'the age of modernism' c) *die Moderne als Jetztzeit* 'modern times'/ 'the modern age' c) *die Moderne als Lebenswelt/-gefühl/-stil* – 'modernity' |

Page 54: Vocabulary Work

The Language of Feminism

| Answers | 1. suffragette 2. exploitation 3. nuclear family 4. year off (work) 5. feminists 6. suffrage 7. emancipation 8. new woman 9. nappies 10. suppress 11. sabbatical year 12. room of one's own 13. nigger of the world 14. decentralize 15. execution 16. non-violent resistance 17. economically disadvantaged 18. domesticity 19. yellow wallpaper 20. reproductive freedom 21. marital rape 22. eroticism 23. matriarchy 24. yin 25. network 26. kinship relations 27. single mother 28. radical feminism 29. male dominance 30. equal wages 31. sexism 32. motherhood 33. double standard 34. domestic duties 35. sisterhood |

Unit 11   Fundamentalism

Page 55: German Structures with No Noun Subject II

| Trial Sentences | 1. One is virtually powerless against well-paid lawyers. *Or*: It is hard to make any leeway/headway against … 2. As is announced in New York, the international peace-keeping force is not expected to be deployed in the 'foreseeable future'. 3. What is certain/clear is that philosophy can set about the new task only in intimate contact with the natural sciences. 4. You can't talk with a volcano. *Or*: There's no talking to a volcano. |

Unit 11   Fundamentalism   135

5. It will become clear in Munich whether private TV works. *Or:* Whether private TV works will ...
6. Beware of pickpockets and muggers.
7. No belly-aching here.
8. This theme is still with us. As wealth piles up, poverty is answering with increased growth rates of its own. This will be a subject for fiction in the future.
9. Let it be mentioned in passing at this point that the social and economic re-allocations that have taken place in Great Britain in the course of the last few decades have pulled the carpet from under an imperialist policy.

Page 57: The Language of Fundamentalism

Text

Stephan Pfürtner, 'Fundamentalism'
The first thing to recognize is that fundamentalism and talk about it are religious in origin. In the 1870s, there developed out of the Bible Conferences of Protestant churches in North America a movement which considered the traditional belief in the Bible to be threatened by modernity. Its watchword was, 'Back to the fundamentals!' *The Fundamentals: The Testimony to the Truth* was then the title of a series of publications which appeared in twelve volumes from 1910–1912 (ed. A.C. Dixon and R.A. Torrey). With a print run in the millions, the series achieved substantial impact over a wide readership. Yet the fundamentalism which is spoken of today is a modern phenomenon. In its specific form and content it arose on account of the modern development of industrial society with its advances in science and technology.

For the fact that the fundamentalist movement in the United States could meet with such a response was due not least to the processes of social development in the previous century. The living conditions of agrarian settlers were increasingly changed by urbanization in the wake of the industrialization process. The former agrarian society, which had hitherto been the yardstick for a broad social stratum in the United States, could no longer be preserved intact with its close dovetailing of family and school and of middle-class and Church communities. With it, the firm framework of religion, law, custom, education and morality became unstable. Secularized society was in the offing. Its life style fundamentally called into question the old agrarian society. How large a proportion of the population felt unsettled by this is shown by the surge in membership the fundamentalists soon registered. Some of the already existing communities, such as the Mormons or Huttites, had long since reacted by shielding their communities and members from the rest of society.

136 Answers

The five points in its programme indicate where the movement saw its foundations. First it was concerned for the infallibility and reliability of the Bible – in its literal sense (verbal inspiration) – then for the Virgin Birth as well as for atonement, the Resurrection and the Second Coming of Christ. Each of these points deserves its own elucidation. Their defence also makes clear how the adherents or sympathizers felt attacked and what modernity meant for them.

Useful Alternatives

beachten: to consider
bedroht: jeopardized
Abgrenzung: seclusion
religiösen Ursprungs: of religious origin
angezeigt: on the horizon
Zulauf: (here) rapid rise in membership

Points to Note

'entwickelte sich': Note the alternative construction 'there developed' – often a useful way of overcoming syntactic complications.
'Rahmen': It is worth noting the following forms:
im Rahmen des Programms: within the framework of the programme
im Rahmen eines kurzen Referats: within the confines of a short talk
das neugotische Rathaus bildete einen prunkvollen Rahmen: the neo-Gothic town hall offerd a splendid backdrop/setting
das sprengt den Rahmen unserer Gespräche: that goes beyond the scope of our present talks

Page 58: Vocabulary Work

The Language of Fundamentalism

Answers

1. sectarianism 2. adherent 3. damnation 4. literal sense 5. martyr 6. ritualism 7. guru 8. Second Coming 9. infallibility 10. convert 11. zealot 12. charismatic 13. fanatic 14. watchword 15. heresy 16. irrefutable 17. Virgin Birth 18. dissident 19. Resurrection 20. doctrinaire 21. atonement 22. pulling power 23. recidivism 24. community 25. bigot
Key Phrase: an asylum from the unsettling

Unit 12 Postmodernism

Page 59: Demanding Prepositions

Trial Sentences

1. a) 'I'll wait until eleven. Eleven on the dot. Then I'll buzz off.'
b) 'By tomorrow the rain is bound to have stopped.'

2. a) This behaviour is not in line/in keeping with her character.
b) Everybody should contribute according to his or her means.

c) The settlers had to act strictly in accordance with the moral code.
d) He withdrew to the island to live in harmony with Nature.

3. a) Owing to especial circumstances, he cannot be among us.
b) For the sake of simplicity we'll leave it out.

4. a) As a result of long years of illness her last novel remained a torso.
b) Owing to fog, the plane is delayed.

5. a) The village had to be evacuated immediately by order.
b) According to reports there were many injured or killed.

6. a) He took part in the meeting by virtue of his office.
b) He was condemned to death by force of law.

7. a) They took the decision over a glass of wine.
b) They both did their doctorates under Prof. Moderhaupt.
c) For all his weaknesses he is a good, humane boss.

Page 61: The Language of Postmodernism

Text

Peter Kemper, "Postmodernity' or the Battle for the Future'
Our culture resembles a merry-go-round that is rotating faster and faster and threatening to fly into pieces at any moment. Passengers and passers-by alike are being seized by a feeling of giddiness. The ground of secure certainties is beginning to tremble; those who, paralysed by the seductively gaudy whirl, seek a hold, founder in the bottomless pit of events.

If the metaphor of the 'benumbing fair-ground atmosphere' were not hopelessly out-dated in reference to the jumbled medley of signs in high-tech civilization, it could serve to visualize the new postmodern experience. Talk of 'postmodernism', however, does not mean simply an age after modernism: it is above all a diagnostic reflex to the manifest failure of the 'grand narratives' (Lyotard) of enlightenment and emancipation, to the 'crisis of confidence in technology and science' (Eco).

There is a wealth of examples: in view of high-level armament among the industrial nations which can no longer be rationally justified and the imminent danger of the self-extinction of the human race; in view of the mounting distrust of publicly 'stage-managed' politics with their media rituals and media scandals; in view of a destruction of the environment on a global scale conducted on the behalf of unchecked progress and growth – in view of all these phenomena fundamental doubts are rife as to whether *reason*, the various rationales in science, art and politics, in history and society can still be effective. Does 'criticism' still reach its object at all today? Where, amid all the referrals and interlinkings are there still unambiguous criteria of truth? Is it the better argument that still really counts or the 'will-to-power'? Have the social over-regulations, the fraying of language-based communication into clamorous blah-blah-ing, become so universal that all potentials of resistance have long since been integrated into the system?

The 'postmodern' twist to the established thesis of the 'one-dimensional man' (Marcuse) is that one no longer laments the losses of meaning and of bearings but rather propagates militantly a motley multiplicity of explanations, models of interpretation, methods, techniques, theories and forms of life. A joyous cavorting on the edge of the abyss, a playful cynicism in face of one's own impotence and disillusionment is the order of the day.

Useful Alternatives

Karussell: roundabout
Wirrwarr: confusion, jumble
Zerfaserung: unravelling
schwanken: to quake
veranschaulichen: illustrate

Points to Note

'und -skandale': Although such uses of the hyphen are now entering written English, they remain uncommon. Hence the repetition of 'media'.

Page 62: Vocabulary Work

The Language of Postmodernism

Answers

Forms and Styles: plagiarism – multiplicity/multifariousness – pastiche – parody – hybridity – collage – multimedial – language games – fragmentation of genres

Past-relatedness: musealization – exhaustion – intertextuality – referential character

World-picture: collapse of the grand narratives – rejection of certainties – questioning of dominant scales of value

Tone: playful – ironic – provocative – apocalyptic – infiltration/undermining – relaxed

Philosophical Preferences/Predilections: Neo-pragmatism – scepticism towards knowledge – epistemological crisis – criticism of the project of Enlightenment

Concept of Art and Literature: crisis of representation – sub-cultures – meta-level – field of experiment – metafictional – self-reflexivity

Time Planes: simultaneity of the non-simultaneous – time travel/temporal journeys

Creation of Meaning?: rejection of over-arching explanations – loss of orientation – de-hierarchization

Revision III

Page 65: Revision Sentences

Sentences

1. It was one of the hottest days of the year. The heat lay like lead over the cemetery, squeezing the putrefied exhalations with their odour of rotten melons mixed with burned horn into the neighbouring streets.

2. For all its multiplicity of forms and content, contemporary British drama permits the conclusion that the old theatrical conventions have been thoroughly done away with.

3. It was announced in Bonn that the policy of détente would be continued.

4. In view of her thorough preparation she was able to remain serene even in face of the imminent exam. *Or:* ... when faced with ...

5. The railway network between Berne and Bellinzona is tightly-meshed, a neat and tidy railway station coming every four kilometres.

6. You don't become (a) Sartre just by rejecting a prize.

7. How are we to have a harmonious relationship with you flirting around the whole time?

8. Life is full of contradictions, the opposite of every truth being also true.

9. On Friday evenings she went regularly to the disco, dancing till she dropped.

10. She sat at her desk into the early hours, the blank computer screen with its green shimmer staring at her mockingly.

11. The more open the world is to me, the more pleasure it gives me and the more it hurts me.

12. His transgressions in translation were as manifold as were his glittering achievements as a translator. Or: His manifold superb achievements as a translator were matched by equally manifold translation sins.

13. According to the secretary, the paper has to be (handed) in by Thursday.

14. The great art of marriage consists in being right in the end without putting one's partner in the wrong.

15. And what if the weather should get worse/should deteriorate? – In case it rains we'll take hoods and boots along. We're prepared for cold anyway.

Page 66: Translation Text

Text

Frankfurter Allgemeine Zeitung, 'The Story of Microsoft'
The story of Microsoft is a story such as can only happen in America. Gates, admittedly, was never a dish-washer, but the Microsoft story is gripping like no other. It began in 1968. In that year, William Henry Gates III entered the eighth grade in the selective Lakeside private school in Seattle in the North-West of the United States. His friend Paul Allen was just entering the tenth grade. The school was among the first in the country to offer computer courses via a telephone link-up. Since none of the teachers in the school could handle computers, Gates and Allen set about exploring the new world. They were soon so fascinated by the possibilities of computers that they would often slip into the school at night, only to discover that the other one was already sitting at the computer. [...] Eventually Gates and Allen took jobs in a software firm, using the time to work their way into the depths of the programming languages. The seed for the most successful company in the world was sown, but was to bear fruit only later.

For after that the computer geniuses Gates and Allen at first went their separate ways. Allen studied Computer Sciences at the Washington State University, Gates going to Harvard to read Law. In the computer world, PCs came onto the market and this development later brought the two of them together again. They wanted jointly to develop programmes for PCs at a time in which the giant computers of IBM, Hewlett-Packard and DEC still dominated the market.

The young firm made its decisive break-through in 1981 with the operating system MS-DOS, which stood for 'Microsoft Disk Operating System'. The system served as the basis for smaller IBM computers. This was the signal for Microsoft's irrepressible rise to the status of the world's leading software concern, a concern today valued on the stock exchange at around $550,000m – more than Germany's largest industrial concerns together.

Today, about 95 per cent of all computers world-wide run on Windows and Microsoft's market position seemed incontestable – until the Internet arrived.

Useful Alternatives

umgehen mit: manage, deal with   *sich hineinschleichen*: creep
aufblühen: come to fruition   into

Points to Note

'damals': This is one of the most-mistranslated of words. The correct translation must suit the context: 'in that year', 'in those days', 'at that time' etc. The translation 'in former times' is almost never correct: it would mean 'in the Middle Ages' – or earlier.
'Elite-Schule': This oft-used German substantive is, in an English context, normally an awkward equivalent for 'Public School'; in

Revision III 141

an American context, for a selective, private school.
'would often': Note this elegant form for an oft-repeated past action.
'sollte aber …': When '*sollen*' has the sense of a future *Bestimmung*, the correct translation is 'is to', 'was to' etc.
', Gates ging nach Harvard': Here is a classic case where the English '-ing'-form is both possible and elegant – see Unit 9.

Unit 13 Monarchy

Page 67: Re-Ordering the Sentence

Trial Sentences

1. Democracy can be endangered just as much by calm and orderliness as by uncalm and disorderliness.
2. Man was given the task of living like a dog and acting like a god.
3. People whose watches are ahead are often called 'fantasists'. They see everything a little earlier.
4. Only when they have grown old can one judge what people and things are worth. *Or:* … can one assess the value of …
5. Great and difficult tasks come only to great souls/people.
6. Precisely in the case of women, moral condemnation goes hand in hand with legal.
7. A new world epoch must come into being – after the old heroism of war, a heroism of knowledge and research.
8. The especial feature of Karl Kraus derives from the bi-functionalism of his understanding of language and his use of language.

Page 69: The Language of Monarchy

Text

Dominic Johnson, 'Mourning for the Fairy-tale Princess'
'Everybody looked up to her, everybody loved her, she did so many good works.' In Britain yesterday, sentiments such as these, voiced to the BBC before lunchtime by a black mourner outside Kensington Palace, Lady Diana's London residence, must have been uttered a million times over. An entire country is grieving for its fairy-tale princess.

Princess Diana was probably the most popular queen Great Britain never had. Her wedding to Prince Charles in 1981 was a dream wedding, the last really carefree and popular celebration of the British monarchy. As no other member of the Royal Family, the Princess, who came from the lesser aristocracy, grew into a new-style role-model for British women.

In the end, it is true, Diana fell out with the Tories, but in her

142 Answers

life she was a symbol of the Conservative Great Britain moulded by Thatcher, in which the purposeful pursuit of personal happiness is rated more highly than submission to tradition and family constraint. She gave her public image precisely that whiff of scandal necessary for a figure in public life if he or she wishes to remain constantly interesting. In contrast to the occasionally stiff and overweening Windsor family, she was the glamorous upstart. This was the Diana myth, which did not fit the conventional image of the intact family otherwise cultivated by the Royals.

This could only come into conflict with the myth of monarchy such as still prevailed relatively uncontested in the Thatcher years. In 1996 on the occasion of the divorce of Diana and Charles, the publicist Sarah Maitland described the myth of monarchy as that of the 'absolute moral, emotional, social, sexual and practical necessity and excellence of the current romantic form of the nuclear family'.

When, in 1992, Charles and Diana separated, she and not he was the darling of the public, although it was he and not she who clung to the ideal of the intact family. This is Diana's legacy to the institution of British monarchy. It is, admittedly, the result of foregoing changes in the image of women and the family in British society, but it has revolutionary consequences for the monarchy, whatever one may think of the individuals acting within it.

Useful Alternatives	*trauert*: is mourning	*unbeschwert*: untroubled
	zerstritt sich: quarreled	*zielbewußt*: resolute
	unangefochten: indisputed	*zwar*: to be sure, it is true

Points to Note

1. 'skandalumwittert': a prime instance of the form analysed in Unit 1.
2. 'die Familie Windsor', 'der Mythos Diana': It is important to recognize that such structures take the reverse order in English: 'the Windsor family', 'the Diana myth'. Note also:
die Regierung Major: the Major government
die Regierung Clinton: the Clinton administration
die Autofirma British Leyland: the British Leyland car company
3. 'The Royals': This is one of the commonest examples of a relatively rare structure in English – an adjectival noun for people in the plural taking the '-s' plural. Other examples tend to be colours:
the blacks, the whites
the reds: *die Kommunisten*   the Greens: *die Grünen*
the blues: *Fußballmannschaft in blauem Dreß* (cf *Allez, les bleus!*)
But there are also 'the [Indian] Untouchables' and one increasingly hears other forms such as the 'invisibles' – the invisible earnings in the British economy.
4. 'Hinterlassenschaft': This is a difficult word-field. Note the forms:
das Testament: the will
hinterlassen: to bequeath

die Hinterlassenschaft: the legacy
das geistige Erbe: the intellectual legacy
das kulturelle Erbe der Nation: the nation's cultural heritage
der politische Nachlaß: the political legacy

Page 70: The Language of the Monarchy

Answers

1. award honours 2. appoint ministers 3. act as figurehead 4. lay a foundation stone 5. launch ships 6. dissolution of Parliament 7. perform a function 8. carry out a duty 9. State Opening of Parliament 10. Privy Council 11. give an audience 12. represent land overseas 13. fulfil a role 14. pomp 15. patronage 16. Queen's Speech 17. open a building 18. pageantry 19. receive credentials 20. receive heads of state
Key Phrase: constitutional monarchy

Unit 14   Democracy and Elections

Page 71: The Object-less Verb

Trial Sentences

1. Being victorious makes people stupid. Vanity makes people ugly. *Or*: Winning makes you/ people stupid *etc.*
2. It pains one to learn that nobody is prepared to shoulder the blame. *Or*: ... to take the blame ...
3. The laconic always impress one. It is hard to believe that somebody has no other secret to preserve than that of his or her own insignificance.
4. May I clear everything away? *Or*: May I clear the table? *Or*: Have you finished?
5. In its best passages, her style was reminiscent of Virginia Woolf, in its weaker of magazine journalism.
6. In despair, the director invited all and sundry to a discussion.
7. Thinking isolates people; he who thinks, falls silent.
8. The free-standing church-tower and the adjoining half-timbered houses reminded one of the town with its lovable nooks and crannies destroyed in the bombing raid on the night of 6.12.1944.

Page 73: The Language of Elections

Text

Thilo Bode, 'Great Britain's Democratization'
It pains one to find the old fairy tale that Great Britain is the oldest democracy in Europe being warmed up again, even in the *Frankfurter Allgemeine Zeitung* ('Military Service in Democracy',

144 Answers

18 February). Which state was or is the oldest democracy may remain a matter of debate. The notion that it was Britain is not even maintained by the British themselves. They know their constitutional history to a T, far better than the Germans do theirs, and hence know full well that parliamentary government and democracy in the form of universal suffrage do not have to be one and the same thing. Great Britain is the classic case of a country in which parliamentary democracy with universal suffrage – the decisive category – developed only slowly out of a parliamentary form of government whose roots can be traced back to the thirteenth century.

The beginning and end of this development can be precisely dated. A start was made by the first electoral reform of 1832, but the finishing touch was put only in 1948. Only then did the right to vote become truly 'universal'.

Before 1832, the then still wholly feudal House of Commons – the House of Lords was and remains even today unelected[1] – was elected by an extremely rudimentary class voting system, which had in addition become very corrupt. At that time only three per cent of the adult population had the vote. The Great Reform Bill of 1832, still celebrated today and pushed through by the Liberals only with great difficulty in face of the bitter opposition of the Tories and the feudal Upper House, raised the percentage of voters only to five per cent but did – even if in snail-like British fashion – introduce a fundamental change, which was to take more than a century.

The five per cent of 1832 rose to thirteen per cent with the Reform Bill of 1867 – the year in which universal suffrage (to be taken over into the Constitution of the German Empire in 1871) was introduced for the *Reichstag* of the North German Confederation. Yet it was still only certain categories of property-owners who had the vote; the 'citizen-voter' had yet to be invented. In 1884 the suffrage was extended to 25 per cent of the adult population – a figure which in 1918, after the First World War, became all of 75 per cent. The figure fell short of one hundred per cent because a good number of women – exactly 41 per cent – were still missing, the vote being given at that stage only to women over thirty, and then only under certain circumstances, as a reward for their sacrifices in the First World War. It took a further ten years for all women over 21 to receive the vote. But it was only in 1948 – just 43 years ago – that the final anomaly was removed: the owners of business premises and university graduates were denied their historical second vote. (The some half a million second votes had gone pre-

---

1 This was, of course, changed in 1999.

dominantly to the Conservatives.) Only since that year has Great Britain been in the strict sense a democracy with universal and equal suffrage.

Useful Alternatives *Mär:* old wives' tale
zurückreichen in: to date back to, be traceable back to, to go back to

Points to Note 'but did ... introduce': The 'did' form, much over-used by most German speakers of English, is appropriate only in cases such as this, where it marks an emphasis, a *Bekräftigung*.

Pages 74-76: Vocabulary Work

1 The Language of Elections

Answers Across: 2. referendum 6. & 1. proportional representation 8. stand 11. & 13. by(e)-election 15. canvass 18. floating voter 20. go to the country 21. seat 22. & 13. general elections 24. vote 26. see 3 down 29. constituency 31. local election 32. ballot paper
Down: 1. see 6 across 3. & 26. dissolve Parliament 4. see 7 down 5. first past the post system 7. & 4. opinion poll 9. turn-out 10. simple majority system 12. young voter 14. ballot box 16. gerrymandering 17. count 19. postal vote 23. polling station 25. electorate 27. & 28. electoral system 30. booth

2 The Language of Election Results: Electoral Dominoes

Answers 1. marginal (seat/constituency) 2. landslide 3. ethnic vote 4. elected 5. declaration (of the result) 6. tactical voting 7. gain 8. neck-and-neck race 9. election results 10. swing to the SNP 11. post-mortem 12. mandate 13. electioneering 14. gains 15. setback for the Liberals 16. stronghold 17. drum up support 18. two-horse race 19. election pledges/promises 20. straw poll

3 The Language of Party Politics

Answers A. grass roots B. party member C. party activist D. die-hard E. party conference F. leftwinger G. Whig H. party chairman I. parliamentary party J. junta K. rank and file L. local secretary M. party machine N. manifesto O. shadow cabinet P. supporters Q. party headquarters R. stalwart S. party leadership T. candidate U. constituency V. canvass W. chief whip X. extra-parliamentary Y. Tory Z. de-nationalization

Unit 15   The Press

Page 77: Translating Impersonal Structures with 'es' II

Trial Sentences

1. There is a great deal at stake/at issue. Let us always bear that in mind.
2. It is probably the most important decision of his time in office/BrE.: his premiership/AmE.: his administration
3. But how are things for father, mother and child?
4. German comedies allegedly lack humour.
5. It is part of the attitude/stance of the writer and presumably one of the most important motives of his writing to repeatedly call his own self into question ...
6. It is said that there are no marvels for those who cannot marvel.
7. Politicians are not affected until you tickle them up.
8. The shipyard workers fared worst, two yards having to close and others working only half-time.
9. Tomorrow it will no longer be a question of denomination, nation or ideology but purely and simply of so shaping circumstances on Earth that humankind – even in 8,000m individual specimens – will be able to live on this planet and finally even feel at ease, without massacring one another and their environment.

Page 79: Language to do with the Press

Text

Wilfried Kratz, 'A Life-and-Death Struggle'

British newspapers have a liking for extremes. But when the *Guardian* speaks of a 'life-and-death price war', it is scarcely exaggerating. The battle is raging in its own back-yard. It is being fought out between *The Times* and the *Daily Telegraph* but undeniably affects other papers also and is liable to drastically accelerate the process of concentration. Politicians are already calling on the Monopolies Commission. It, they argue, should put an end to the cut-throat competition which is putting the British at the mercy of media magnates operating world-wide.

Almost a year ago the Australian Rupert Murdoch breached the peace on the national newspaper market that is so characteristic of Great Britain. The circulation decline of the eleven national dailies and ten Sundays had speeded up. In July, therefore, Murdoch cut the sale price of the mass-circulation *Sun* from 25 to 20p, following up in September with a price-cut for *The Times* from 45 to 30p. Now the *Daily Telegraph* has followed suit from 48 to 30p, whereupon *The Times* went down to 20p, the price of the *Sun*. That is as if *Die Welt* and *Bild* were each to cost 50 Pfennig.

Murdoch was thus questioning the established view that in the customer's purchasing decision price is less important than format, content and political tendency. Many rivals – for example the rigidly Conservative *Telegraph* – prophesied that the gambler would come an expensive cropper. The centre-left *Independent* saw itself as the major victim of this price war and called on the Monopolies Commission to act, albeit in vain. In a fit of snobbery the shaken paper even raised its sales price from 45 to 50p. The *Telegraph* acted as if it were confident, yet betrayed its unease with a series of special offers, filling the paper with discount vouchers, giving away wine and inviting its readers to take cheap holiday trips.

It is gradually becoming clear how this price war will change the landscape. [...] What was really alarming for the *Telegraph* was that in May *The Times* achieved, with almost 518,000 copies, the highest circulation in its over two-hundred-year history, whereas the *Telegraph*, at 993,000, slipped below the million mark for the first time since the Fifties. Murdoch was well set to wrench the role of market leader away from the *Telegraph*. That would put him in the position of being able to sell advertising space more expensively than his competitor.

Useful Alternatives	*Gewerbe*: business *in Mitleidenschaft ziehen*: involve *der Reinfall*: flop, failure *auf dem besten Weg*: well on the way to + '-ing'

Points to Note	'*The Times*', 'the *Guardian*': It is an oddity of British style that with *The Times* both the article and the name of the newspaper are capitalized and italicized, but with all other papers only the name itself. Launched in 1785 and taking its present name in 1788, *The Times* is the oldest extant British daily, and has at periods in its chequered history – especially in the Reform years – earned a status it hardly deserves at present. 'toben': It is worth noting the following forms: *der Wind/die See tobt*: the wind howls/rages/roars; the sea rages/roars *er tobt vor Wut*: he is ragingly/blazingly angry *die Schlacht tobte zwei Tage lang*: the battle raged for two days *tobender Beifall*: frantic, ecstatic applause *der Saal tobte*: the hall/chamber/room was in uproar *die Kinder toben im Garten*: the kids are romping in the garden 'stramm konservativ': Note that 'Conservative' implies adherence to the politics of the Conservative Party; 'conservative' is less specific.

Page 80: Vocabulary Work

1 The Language of Newspapers

Answers

1. tabloid format 2. capture readers 3. low-brow 4. go down market 5. over-staffing 6. cease publication 7. squeeze out rivals 8. newspaper empire 9. linotype 10. advertising revenue 11. boost sales 12. gutter press 13. type-setters 14. skimpy news coverage 15. circulation war 16. swift distribution 17. middle-ground 18. woo readers 19. press baron 20. word-processor 21. computer-printed 22. gimmicks 23. printers' chapel 24. Page Three girl
Key Phrase: from Fleet Street to Wapping

Unit 16   The British Past

Page 81: Translating Link Words

Trial Sentences

1. It is always interesting to trace the line in which certain phenomena of contemporary history move – now swift, now slow, now stationary or even regressive.
2. Men are forever asserting that they love women's inner beauty – strangely, however, their eyes always look in a quite different direction.
3. What is foolhardiness? Yesterday's stupidity and today's cleverness. Or alternatively, the cleverness of yesterday and the stupidity of today.
4. Women are more intelligent than men. That's true. But one should maintain absolute silence on the matter: otherwise, the entire show is ruined.
5. I read the newspaper every morning – the obituaries first. Then I'm really glad to be still around. That's my entire philosophy of life.
6. We can no more offer our guests this appalling Moselle than we can that vinegary stuff from Rhine-Hesse.

Page 83: The Language of British History

Text

Hans-Christoph Schröder, 'The Imperial Dimension ...'
The imperial dimension is more important for the understanding of British history than for the understanding of the history of any other nation since antiquity. Yet the English entered the age of colonial expansion and built up their Empire overseas only relatively late. They were not involved in the acquisition of the Americas at the end of the fifteenth and in the sixteenth century. (An English settlement in Virginia founded in 1586 disappeared without trace

within a few years.) England participated in the exploitation of South American silver deposits only indirectly when Elizabethan buccaneers plundered Spanish towns and seized Spanish ships.

One can adduce above all two reasons for England's initial reticence in the colonial sphere. On the one hand, in Ireland, it had so to speak a colony on its own front doorstep. Towards the end of the sixteenth century the English were fully occupied with subduing and colonising this country, over which the English monarchy had exercised a precarious sovereignty since the Middle Ages. On the other hand, English forces were also scarcely sufficient for far-ranging undertakings overseas. [...]

Despite its initial weakness, however, England had two prerequisites which, in the long term, favoured its rise and, by the end of the Seven Years War (1756-63) at the latest, enabled it to become the leading maritime, colonial and trading power in the world. Above all, it profited from the fact that after the discovery of North America the centre of gravity in Europe shifted from the Mediterranean to the Atlantic. Britain thus moved from the periphery to the centre of a web of politico-commercial relationships. A further favourable precondition was Britain's island position. As such, admittedly, this did not afford reliable protection from invasion. But it did enable the British to concentrate predominantly on their fleet for the repulsing of invasion attempts – a fleet which at the same time was an instrument of world-political activity. The means of defence was thus equally the means of reaching out into the world.

| **Useful Alternatives** | *Freibeuter*: freebooter, pirate *anführen*: cite, advance *gleichsam*: as it were | *kapern*: capture, take *Bereich*: field, area |

Points to Note

1. 'englisch', 'England', 'Amerika': The text is an object lesson in how difficult it can be to translate these words sensitively.
2. 'der Eintritt', 'der Aufbau': for the treatment of such verbal nouns see *Grundkurs*, Unit 15
3. 'verfügen über': to have, possess, have at one's disposal. The translation 'to dispose of' is probably better avoided since it has the dominant sense of to 'get rid of'.

Pages 84-86: Vocabulary Work

1 The Language of the British Past: Ages and Stages

Ages, Stages *Note that major historical events are habitually capitalized in English.*

1066	Norman Conquest
1086	the Domesday Book
1337–1453	Hundred Years War

1348	the Bubonic Plague
1381	Wat Tyler's Peasants' Revolt
1455–85	the Wars of the Roses
1529–47	the Reformation (first phase)
1536–39	the Dissolution of the Monasteries
1553–1558	the Counter-Reformation
1563	the Anglican Compromise under Elizabeth I
1584–1784	First Empire
1588	the Spanish Armada is defeated off Gravelines
1607	the Plantation of Ulster
1642–49	the Civil War
1649	the beheading of Charles I
1649–1660	Cromwell's Protectorate
1660	Restoration
1688–9	the Great and Glorious Revolution
1689	constitutional monarchy established
1745–6	the last Jacobite Rising (the 'Forty-Five)
1756–63	the Seven Years War
1760–1830	the first Industrial Revolution
1760–1800	Parliamentary Enclosure
1776–83	American War of Independence
1784–1947/60	the Second Empire
1807	the Abolition of Slavery
1832	the Great Reform Bill: extension of suffrage
1837–1901	Victorian Era
1840–48	Chartist Movement
1845–47	the Great Famine in Ireland
1857	the Indian/Sepoy Mutiny
1870–1914	the Age of Imperialism
1911	power of the House of Lords severely restricted
1914–18	First World War
1918	Treaty of Versailles
1918–39	the inter-war years
1926	the General Strike
1929	the Wall Street Crash
1930er Jahre	the Depression
1939–45	Second World War
1940	the Battle of Britain, the Blitz
1945	the Yalta Conference
1947	Independence of/for India, Pakistan
1964–9	the 'Swinging Sixties'
1973	Common Market/EEC entry
1979–1990	the years of Thatcherism

2 The Language of the British Past: Essential Factors

Factors

Ranks and Classes: gentry – upper class – working class – middle class – peasant class – aristocracy – the barons – the Marcher Lords
Regions: the industrial North – the Scottish Highlands/Lowlands – the Home Counties – the Welsh Marches – the Celtic fringe – the Black Country – the Potteries
Economic Forces: mineral resources – Free Trade – invisible earnings – weak agricultural sector – free market economy – industrial-naval complex – 'workshop of the world'
Geographical Factors: island position – Atlantic seaboard – North Sea – English Channel – Inner and Outer Hebrides – Angevin Empire – Pennine Chain
Countryside and Agriculture: fertile – clayey – barren – bleak – swampy – arable farming/tillage – cattle breeding/husbandry – sheep-farming – orchards
Armed Forces and World Status: navy – standing army – nuclear power – hegemony – world power – first strike capacity
Empire: sense of destiny – overseas possessions – colony – settler(s) – plunder – seize – the Jewel in the Crown – buccaneer/freebooter – taking possession (of)
Religious Forces: Puritanism – Calvinism – Catholicism – Presbyterianism – the Methodist movement – the dissenters

3 Link Words

Answers

1. all in all 2. admittedly 3. let alone 4. yet 5. on the other hand 6. consequently 7. similarly 8. however (,~,) 9. conversely 10. furthermore 11. in addition 12. in spite of this/that 13. in other words 14. for instance 15. likewise 16. moreover 17. certainly 18. in contrast 19. to summarize 20. it is true that 21. in particular 22. in the main 23. to put it another way 24. granted 25. to repeat 26. accordingly 27. doubtless 28. on the contrary 29. it follows (that) 30. thus 31. second 32. hence 33. finally 34. indeed 35. besides
Key Phrase: Let your words take your reader by the hand.

Revision IV

Page 89: Revision Sentences

Sentences

1. Professional sport is business, after all. And so I was, so to say, an entrepreneur while still in my teens. BORIS BECKER
2. How come that there are still men, even young men, who flatly deny women the creative spirit?
3. Necessity is the mother of invention. Love makes you blind.
4. Since I've been in politics I've been on a learning curve. It's only rarely a matter of deciding between a good and a bad option.
5. Doctrine is a gourmand. It likes most of all to devour human beings.
6. It surprises one to learn that this has not been thought of.
7. The balance sheet after one year is sobering.
8. Last year the literary special case J. M. Coetzee broke a hard and fast rule. He became the first writer at all to receive the renowned Booker Prize twice.
9. I can no more approve of his clumsy lyric verse than I can his over-lengthy novels.
10. It is not easy to drink out of this tumbler.
11. The summer, this we have already mentioned, was thoroughly eventful – and in manifold ways.
12. It is an old insight of sociology, confirmed by each and every criminal gang – not to mention the terrible examples which modern historians can provide – that inherent in crime there is a force which forges social bonds.
13. What is required is the development of yardsticks to measure the quality of forecasting so that the quality of demoscopists can be checked.
14. In Germany there has never been any lack of Mr Cleans.

Page 90: Revision Translation Text

Text

Jürgen Krönig, 'The British Stay with Blair on Course for Reform'
The final verdict will be spoken by history. But one thing is clear – the genie of federalism has emerged from the flask that Blair has uncorked. The new prime minister has broken the spell of Britain's *ancien régime*, whose monstrous centralization long seemed synonymous with the grandeur of the country and its position as a world power. The transformation seems radical in a country which has always viewed revolutions with scepticism and whose history is marked by evolutionary, controlled changes.

Now, however, Great Britain is in ferment. Structures which have lasted centuries are cracking open. The entire architecture that has hitherto held the United Kingdom together is being re-structured. And this by no means only because the Scots, by a large majority, have decided for autonomy and their own parliament. The Welsh, albeit more anxious and more anglicized than the Scottish tribe, are, if one can trust the opinion polls, likely to follow their example. And the relationship between Northern Ireland and the mother country is changing, even if it does not prove possible to wean the IRA and Sinn Féin from terrorism – which, as Tuesday's bomb attack showed, is alas still to be feared. Thus Great Britain is gradually changing into a strange conglomerate of nations and regions, which are increasingly determining their own destiny.

The regionalization of Great Britain does, admittedly, bring also dangers in its wake. Ethnic separation and the insistence on 'cultural identity' can foster narrow-minded, even xenophobic tendencies. In Scotland and Wales Englishmen are complaining ever more often about well-nigh racist assaults on the part of the native population. And in England itself a new nationalism is emerging.

Who knows what will happen if a conflict should break out in the next few years between the parliaments in Edinburgh and Westminster? Or if the English should no longer be willing to continue giving the Scottish tribe generous financial support? Yet despite such doubts the British are, for the time being, resolved to enjoy the rollicking journey into uncertainty.

Useful Alternatives		
Premierminister: premier		*betrachten*: to eye
abbringen: to dissuade from		*eigentümlich*: peculiar, odd
kleinlich: petty-minded		*vorerst*: for the present, for now

Points to Note

'dürften': see Unit 4

'Sinn Féin': notice the correct spelling – one of the cases where the translator, for all his or her reticence, needs to enhance the original.

Unit 17   The Arts

Page 91: Translating Idioms

Trial Sentences

1. If you've got your back to the wall, then you have to play serve-and-volley.

2. Fortune is blind: precisely for that reason you can take it by the hand.

3. There are women who have misunderstood Darwin. They turn every man into a monkey.

154 **Answers**

4. Aphorisms: thoughts caught *in flagrante*.
5. In the beginning was the word. But there is still no end in sight.
6. Even the weakest woman is strong enough to pull several men's legs.
7. In the aphorism a thought is not at home but about to depart.
8. The writer is the mouthpiece for the perplexedness of his age.

Page 93: The Language of the Arts

Text

Elke v. Radziewsky, 'A 44-year-old sculptor from England'
A 44-year-old sculptor from England who is an intellectual and industrial worker at the same time. A man who conceives sculptures as psychological diagrams and executes them as craft exercises on the material. A sculptor of the Nineties, conservatively concerned about form and sophisticated in his striving for new content. Deacon is forcing his way into the minds of the art-loving public, not by causing a stir and sensation but little by little.

This year in Antwerp, Deacon placed an enormous elongated egg on steel legs and set the ensemble in the middle of a grass area. Made of laminated wood. Faultlessly smooth. Carefully worked. If you tapped on it, you heard a dull, dark tone. A phenomenon of the third kind, thought the passer-by. Reminds one of the egg in Hieronymus Bosch. The egg in alchemical allegories. A cuckoo's egg. An egg-shaped Trojan horse.

Richard Deacon likes such reactions: for him, sculpture has similar qualities to colour. 'Say 'red',' he says, 'and everybody knows immediately what is meant by this colour. The same is true for forms. It is true that it is more complicated than with colours, but here too there is a consensus made up of historical and cultural tradition, of sexuality and everyday.'

Two new sculptures in the Orangerie of the Herrnhaus Castle look as unlike as unlike can be. The first, a steel puddle, lies flat on the ground. The metal surface is chased at regular intervals. Pore-like recesses give the surface a leathery, skin-like appearance.

Its counterpart in the broad, high room is a voluminous constellation of inter-woven bands of wood. A collection of shapes which resemble fish-baskets around which thick snakes, also of wood-bands, are winding themselves. Up and down, and up again, and farther up, then descending again, as on a rollercoaster. The sculptures are called 'What makes me feel this way'.

One's amazement at his craftsmanlike virtuosity (how on earth did he screw it all together?) corresponds to the fascination exerted by high-tech bridges or the specially fabricated part for a power station being transported by a juggernaut along country roads. It is the enthusiasm for the manual, for industrial skill. In earlier times in the chambers of art and wonders it was the intricate turnery collected by Rudolph II in Austria and his rival in Dresden.

Useful Alternatives
Bemühungen: endeavours
Achterbahn: big dipper

Points to Note
'wie Pat und Patachon': This relatively common German idiom seems to have no equivalent in English – although there are several idioms denoting great similarity – 'Tweedledum and Tweedledee', 'as like as two peas in a pod', 'birds of a feather' etc. Hence the periphrasis.

Page 94: Vocabulary Work

1 The Language of the Arts

Answers
1. U: Post-Impressionism 2. X: Pre-Raphaelite Brotherhood (*sometimes*: British Symbolism) 3. K: kinetic art 4. M: realist landscape painting 5. N: minimal(ist) art 6. G: wood-carving 7. Q: performance art 8. F: Graffiti art 9. C: sculpture 10. W: postmodern art 11. L: copper(plate) engraving 12. B: American Scene Painting 13. AA: Vorticism 14. Y: primitive/naïve art 15. H: imperialist style (architecture) 16. BB: Arts and Crafts Movement 17. S: Pop sculpture 18. A: action painting 19. T: portrait painting 20. P: Op art 21. V: postmodern architecture 22. E: Abstract Expressionism 23. O: Neo-Gothic architecture 24. J: cartoons 25. D: Chicago School (architecture) 26. Y: seascapes 27. R: Pop art 28. I: Impressionism

Unit 18   The New Media

Page 95: Translating the Advanced Subordinate Clause II

Trial Sentences
1. There are too many of us and we know too much. And we have already done too much damage to be able to go back.
2. But however much the essay takes up its subject into itself, it is equally important that it simultaneously preserves the necessary distance to things.
3. The forest stretched as far as the eye could see.
4. For every writer is born into his time/age, however vehemently he may claim to have come too early or too late.
5. All men are alike, no matter whether they are/be Frenchmen, Italians, Englishmen, Americans or Germans. They are all out to conquer a woman. Only the speed varies.

6. Old age is like an aeroplane flying through a storm. Once you are on board, you cannot do anything about it.
7. At the ouset the firm flourished, only to go bankrupt after just two years.

Page 97: The Language of the New Media

Text

M. Gronemeyer 'Locomotion without Locomotion'
However ultra-swiftly the slothful human body shoots across the globe in its vehicular cabins, however much the human being flatters himself that his ambitions concerning speed know no inherent bounds, however thoroughly he has made space as space disappear, that space nevertheless costs time. No revolution in means of transport is able to entirely remove the duration of time needed to overcome distance. In order ultimately to gain the annoying time that one continues to lose with distance, one needs a vehicle other than the 'automobilized vehicle'. 'The age of intensive time is no longer the age of physical means of transport' (P. Virilio). The 'audio-visual vehicle' saves the time between departure and arrival by making physical locomotion wholly superfluous, presenting the world here and now. The era of 'locomotion on the spot', of 'house-based immobility' has dawned. The 'conquest of space' has been replaced by the 'conquest of merely the images of space'. With the help of audio-visual techniques, the world can be represented through its images. Just as the individual also will be able to dispatch his picture as his representative to each and any place in the world, so as to be present in his absence. Images have overtaken all other forms of transport, for they require no time to be transmitted. They fulfil perfectly the condition of simultaneity. Every spot in the world will be able to be summoned up in 'real time'. 'Real time' is the concept that had to be invented because all hitherto customary descriptions of speed fail. Television pictures are quicker than 'as swift as an arrow', 'as fast as the wind' or 'as quick as lightning'. The picture surrogate of reality comes into one's home straightaway. The traveller becomes a 'physically disabled *voyeur*', whose 'most important piece of furniture is the seat – which is to be as comfortable as possible.' The precondition of his exploration of the world is no longer his sense of adventure but his persevering posterior. From his seat he has controlling access to the world, near and far, the difference between proximity and distance, between here and there, between inside and outside being totally annulled.

Useful Alternatives

träge: sluggish
nivelliert: levelled out/away
herbeizitieren: (here) conjure up

erübrigen: make unnecessary
überflügeln: surpass, outstrip

| Points to Note | 'körperbehindert': The now politically correct translation, in a normal context, is 'physically challenged'.
'Sitzfleisch': There seems to be no one English word which combines the two German senses of 'endurance/stamina' and 'bums on seats'.
'Nähe': It is worth noting the following forms:
in der Nähe der Stadt: in the vicinity of the town
die Nähe der lauten Startbahn: the proximity of the noisy runway
die Nähe der Geschäfte: the closeness of the shops
Er suchte ihre Nähe: He sought her presence
aus der Nähe betrachtet: looked at closely, from close to |
|---|---|

Page 98: Vocabulary Work

1 The Language of the New Media

Answers	1. mobile phone – hard disk – to save – the transmitter/radio station – computer literate – the giant computer – in action replay – the (floppy) disk – portals into the net – memory – real time – live broadcast – computer scientist/student of informatics or computer sciences – to broadcast live – user programmes – local radio – only five mouse clicks away – videotheque – the graphic user's interface – lap-top connection – virus – to programme – to crash – to toast a CD – with internet access – the programming languages – the PC – the operating system – to use the mobile phone – multimedia – to beam – the system is down

Unit 19 Narrative

Page 99: Translating the Absolute/Ablative Phrase

| Trial Sentences | 1. Hunter, the cassette recorder concealed under his coat, takes the lift up, creeps along the corridor and opens his door, locking it behind him.
2. The son of a wheelwright from the Wedding area of Berlin, he soon found a home in the communist movement.
3. Written at white heat within two months, the novel brought her several prizes and paved the way to her taking up writing as a profession/to her becoming a freelance writer.
4. I am sitting in the cinema bar, at my table a taxi driver in a yellow sou'wester, perhaps twice as old as me.
5. The game over, they roamed through the pedestrian precincts, drinking, fighting/scrapping with rival fans and looting. |
|---|---|

6. A man of small stature, he was cunning, cowardly, underhand, a despiser of his fellow creatures, and brutal and cruel in excess.

Page 101: Translating Narrative

Text

Anna Seghers, 'The Driving Licence'
Among a crowd of suspect civilians held captive by the Japanese military police in the cellar of a requisitioned house in Chapei, there was a short, bald-headed man, not under forty years of age, and in not even particularly ragged clothing. The man's face, as if creased by reflection, was in no way different from that of all the faces in the cellar, which the pressure of the imminent verdict had, within the course of an hour, made similar to each other. In the cellar doorway stood the Japanese sentry in meticulous uniform, in his frank face the conviction, which nothing could shake, that it was his duty to stand here and guard until the sentence people who were suspected of having shot at his fellow countrymen from an ambush.

Suddenly, there came through the door a Japanese officer and some soldiers, who received the order to search the captives thoroughly for the last time. The face of the bald-headed man remained unchanged: the hands frisking his body and clothing did not disturb his thoughts. Then there was an interruption. In his coat a creased paper was found – the driving licence of the driver Wu Pei-Li. The Jap sent away one of his soldiers, who returned immediately with a message. Wu Pei-Li was led away through the cellar into the yard and from there through the second yard to the garages. He had to wait between rifle butts, perhaps the first to receive the sentence.

Then from the front building there came an orderly, three members of the general staff and two civilians. A map of the terrain was spread out before him and a route indicated. Wu Pei-Li's thoughts turned away from death, which just a moment before had been inevitable, to the small red point behind the forts. The Japs fetched the car out of the garage. Wu Pei-Li got into the driver's seat. The revolvers of the civilians felt cold against his temples. The members of the general staff got in. 'Give it all she's got!' He switched the ignition, honked like a crazed man the wild, harsh honk of the Japanese military cars, which had made him mad for days and nights on end, and made him mad even now. They drove through Chapei, through lines of streets torn up by shells and swarming with people at their wits' end. He drew the streets behind him, knotted in his heart. Against his temples he felt the muzzles of the pistols, hard, yet no longer cold. They flew along the embankment, up the broad road to the bridgehead. To the right and to the left ran a stone balustrade, which was replaced on the bridge by iron railings. The eyes of the officers on his back and the pistols against his forehead oversaw all his movements, but the fearful exertion behind the forehead escaped them – the task and the struggle with the decision. They had just passed the balustrade, the river already beneath them. At that instant, the driver Wu Pei-Li grasped what was required of him. He hove to and, in a bold arc forever engraved in the memory of the masses, drove the car, with the three members of the general staff, the two civilians and himself, into the Yangtze.

Useful Alternatives

Haufen: bunch
zerknittert: furrowed
hupen: to hoot
von ihm verlangt: demanded of him

zerlumpt: tattered
exakt: spruce, punctilious
Straßenzüge: house-lined streets

Points to Note

1. 'Jap': The word has, admittedly, a pejorative touch. The neutral form would be 'the Japanese'.
2. 'eingebrannt': The translation 'branded' is probably to be avoided since it has too negative a set of connotations.
3. For the overall architecture of this *Novelle* and its rendition, see pages 107-8.

Page 102: Vocabulary Work

1 The Language of Narrative

Answers

1. tense/thrilling – sluggish – gripping – the torpid narrative (flow) – the stamina of the epic writer/the ability to draw the long bow – the swift tempo – the point of view – the narrative stance – the authorial narrator – multiple perspective – the omniscient narrator – interior monologue – free indirect discourse — the first-person narrator – the turning point – *littérature engagée*/ committed literature – discourse time – story time – the linear plot – the flashback – scenic representation – the intricate plot – the unreliable narrator – the parallel plot – the location – the sub-plot – different time/temporal levels/planes – the novel takes place/is sited in – frame narrative – closure

Unit 20   Rhyme

Page 103: The Translation of Rhyme

Trial Passages

1. C'mon! Let's roll up our sleeves again/We'll raise that Gross National Product, men.
2. I prefer good scenery to any amount of consanguinity. *Or:* I prefer a good *paysage* to any amount of parentage.
3. First effervescence, then gradual perception of essence seems to me the surest path to happiness.
4. One knows a fool by what one hears, like a donkey by its ears.
5. The grand words are the storage
Of the non-personal within you.
We think they are just verbiage
And our poetry becomes – mere tissue.
6. I'm not a piece of clever-clever fiction –
I'm a human being with my contradiction.
7. Literary writing, they say, often and loud,
Faithfully mirrors your life's domain.
But should an ape o'er your writing be bowed,
He'll look for a Socrates in vain.

Page 105: Poems and Rhymed Texts

Texts

A. *Mellowed Poet*
Do I envy X his literary success?
The world's a big place – for each a recess.
After all, he takes nothing, the toad-like arse,
Except for – the fame and the girls and the brass.

B. *Modern Art Exhibition*
There are people in the gallery hall.
You think that a little bit odd?
It's not the art-loving public at all –
It's the painters themselves on their tod!

C. Müller Milk, Müller Milk, Müller Milk is great shakes.
It's got what it takes – it wakes, makes and slakes.

(*This admittedly contains a flagrant plagiarism of the Milk Marketing Board's renowned punning slogan: 'Milk is great shakes'.*)

D. *Call to Modesty*
The way in which matters now lie –
It may cause us some mental strife –
Man is no more than a day-fly,
Squatted on the windows of life.

They're almost like birds of a feather.
And what would it matter to you!
Only, the fly has six legs in tether
And a human has got only two.

E. *Autumn Day*
Lord, it is time. The summer was most grand.
Lay down your shadow on the sundials,
and unleash your winds upon the land.

Command the last fruits to be replete:
give them just two more days of more southern sun,
urge them onward to fullness, and then let run
into the full-bodied wine all that is sweet.

Those who have no house will build themselves nothing new.
The solitude of those alone will long go on;
They will lie awake and read, write letters long,
and will wander up and down the avenue
restlessly, as the leaves go swirling along.

Page 106: The Language of Poetry

Answers

1. stanza 2. anaphora 3. assonance 4. epic poet 5. tercets 6. synaesthesia 7. alexandrine 8. enjambment 9. themes 10. strophe 11. elegiacal 12. lament 13. tenor 14. rhyme scheme 15. epos 16. sound 17. dithyramb 18. blank verse 19. eclogues 20. sonneteer 21. rhythm 22. metre 23. epigram 24. mellifluous 25. (it) scans 26. sextet/sestet 27. trochee 28. euphonic 29. couplet 30. tetrameter 31. roundel 32. lyrical

Revision V

Page 109: Revision Sentences and Passage

Sentences and Passage

1. The present, however chock-a-block/over-filled/over-full it may be, is defined by what it lacks.
2. Each and every reform in the educational sphere, however urgent it may be, will be of no worth if it does not facilitate the development of the learning teacher/ teacher-cum-learner.
3. Her prospects? Well, depending on how she uses her talents. Only few people have the talent to make something of their talents.
4. As often as I see him, I remind him of the assignment.
5. He rallied his strength, even took an interest the firm again, only to die of a seemingly harmless bout of 'flu.

162 Answers

6. Whatever form it may take, the state is the civil servant of society.

7. The more imaginative and sensitive a person is, the more insurmountable/impregnable are his prison walls.

8. Back home and about to pack my Christmas presents, I received the commission to write your biography, not in lapidary style but not too extensively either ...

9. No-one has ever forgiven you for seeing through him completely, no matter how well he has come off in the process.

10. However essential these factors may be, the Judaeo-Christian tradition states that I am not an employee, a German or a woman, but I am my freedom.

11. Her poetry is often moving, albeit at times obscure in its metaphors.

12. He who knows nothing is not as limited as he who, enclosed in a corset of thoughts, no longer experiences anything.

13. Never ever forget it –
Not even when failure abounds.
There's a brainy type born every minute!
(However unlikely it sounds.)

Page 110: Revision Translation Text

Text

Irene Nießen, 'Roddy Doyle – An Author from Ireland'
Scarcely any other book has made readers world-wide as enthusiastic as has Roddy Doyle's *Paddy Clarke Ha Ha Ha*: rarely has a childhood been told in a tone simultaneously so comic and so tragic.

The story of ten-year-old Paddy, who frolics with his friends in the Dublin suburbs of 1968 through front gardens and abandoned concrete pipes, already suffering from the coming separation of his parents, has astonishing verbal wit. Roddy Doyle catches the language of the underdogs without a false note. Born in the North of Dublin in 1958, the author had sufficient opportunity to study the idiom of the 'simple Irish people' (as Doyle's fellow-countryman Flann O'Brien so slyly put it). For fourteen years he taught Geography and English in Kilbarrack, one of Dublin's suburbs. There he is likely to have met many a Paddy among his pupils [...]

A Dublin lad is again at the centre of his new novel: 'Henry the Star' is born in the slums in 1901. His one-legged father hires himself out as a bouncer and contract killer in a brothel, his mother dying when still young. Young Henry learns the hard struggle for survival in the streets – courageous, forever hungry, never at a loss for words. At the age of fourteen he is a good-looking, lanky lad,

Revision V 163

still on the look-out for a bit of love and togetherness. And so Henry, who basically 'doesn't give a tinker's cuss' for Ireland, gravitates towards the Sinn Féin liberation movement, taking part in the bloody Easter Rising of 1916. Henry S. Smart becomes a living legend, who kills policemen with his dead father's wooden leg and whose smile and blue eyes the women cannot resist. He is in love with his former teacher Miss O'Shea, who teaches him to write his name in the slums and who later, in the heat of the battle against the British rulers, seduces him into an equally hot game of love. Together they join the IRA, together, from off a stolen bicycle, they kill hated members of the occupying forces and alleged traitors. In the end, Henry comes to see that, for all his unreserved commitment, he was never any more than an underling. The only people to gain have been unscrupulous profiteers, the same men who had secretly slipped into his father's hand scraps of paper with the names of those who were to be eliminated. He wants to get out ...

Useful Alternatives

zugleich: at the same time
sich anbahnend: (perhaps) imminent
begegnen: to encounter

toben: to romp
Türsteher: door-keeper
exekutieren: to execute, eradicate

Points to Note

1. 'Scarcely', 'rarely': two classic cases of the few obligatory inversions left in modern English – see *Grundkurs*, Unit 17

2. 'hintersinnig': Presumably the colloquial meaning of 'sly' is meant here and not the traditional dictionary meaning, 'melancholy'.

3. 'Schüler': Note that the translation varies with aspect – 'schoolboy/-girl' from the child's point of view, 'pupil' from the vantage point of the teacher or administration.

Appendices

A (see pages 7–8)

The following is a list of adjectival forms in common German usage at present. Knowledge of the standard renderings here makes the translation of many meaning-loaded adjectives far easier.

German Suffix ➜ English Adj + Prepos.

-anfällig	störanfällig	➜	liable to malfunction
-angemessen	zeitangemessen	➜	appropriate to the age
-bedürftig	reformbedürftig	➜	in need of reform
-bezogen	vergangenheitsbezogen	➜	related to the past
-fähig	lernfähig	➜	capable of learning
-feindlich	forschungsfeindlich	➜	hostile to research
-fertig	bezugsfertig	➜	ready to live in
-fest	wasserfest, winterfest	➜	resistent to water
-fremd	literaturfremd	➜	alien to literature
-freudig	risikofreudig	➜	not averse to risks/keen on risk-taking
-gemäß	naturgemäß	➜	in accord/harmony with Nature
-gerecht	konjunkturgerecht	➜	appropriate to the state of the economy
	altersgerecht	➜	suitable for/suited to old age
-hungrig	erlebnishungrig	➜	hungry for experience
-konform	serienkonform	➜	in conformity with/in line with the series
-lustig	reiselustig	➜	keen on travel
-müde	tennismüde	➜	tired of tennis
-nah	bürgernah	➜	close to the man on the street
-notwendig	überlebensnotwendig	➜	necessary for survival
- regiert	SPD-regiert	➜	governed by the SPD
-reich	ballaststoffreich	➜	rich in fibre
-reif	druckreif	➜	ready for printing/ready to go to print
-typisch	berufstypisch	➜	typical of the profession
-verwöhnt	erfolgsverwöhnt	➜	spoiled by success
-wert	schützenswert	➜	worthy of protection
-widrig	verfassungswidrig	➜	in contravention of the constitution
-willig	arbeitswillig	➜	willing to work
-würdig	verbesserungswürdig	➜	worthy of improvement
-wütig	konsumwütig	➜	mad on consumption
-spezifisch	schottlandspezifisch	➜	specific to Scotland

German Suffix → English Suffix

-beruhigt	verkehrsberuhigt	→ traffic-reduced
-bezogen	leistungsbezogen	→ performance-related
-dicht	wasserdicht	→ waterproof
-freundlich	kundenfreundlich	→ customer-friendly
-frei	bleifrei	→ lead-free
-los	nahtlos	→ seamless
-sicher	ausbruchssicher	→ escape-proof

German Suffix → English Prefix

-arm	schadstoffarm	→ low-emission
-frei	bleifrei	→ unleaded

German Suffix → English '-ing' Phrase

-gefährdend	friedensgefährdend	→ endangering/jeopardizing peace
-erzeugend	krebserzeugend	→ causing cancer (also: cancerogenic)

German Suffix → English Hyphenated Adjective

-artig	schnorchelartig	→ snorkel-like
-fixiert	geldfixiert	→ money-minded
-gestützt	landgestützt	→ land-based

German Adv + Adj → English Adv + Adj Hyphenated

außer-	außereuropäisch	→ extra-European
drei-	dreiköpfig	→ three-strong, three-man/woman
dünn-	dünngeschnitten	→ thin-cut
fertig-	fertiggebaut	→ pre-fabricated
frisch-	frischgebacken	→ freshly-baked
gut-	gutgebacken	→ well-baked
lang-	langersehnt	→ long-awaited
neu-	neuerrichtet	→ newly-built
viel-	vieldiskutiert	→ much-discussed
vier-	vierstündig	→ four-hour
zart-	zartbesaitet	→ highly-strung

German Prefix → English Prefix

nach-	nachösterlich	→ post-Easter
selbst-	selbstgebacken	→ home-made
vor-	vorweihnachtlich	→ pre-Christmas

Double-Barreled → Double-Barreled with 'o'-Form	
deutsch-französisch, englisch-japanisch	→ Franco-Prussian/German, Anglo-Japanese
englisch-russisch, deutsch-chinesisch usw.	→ Anglo-Russian, Sino-German
angelsächsisch	→ Anglo-Saxon
jüdisch-christlich	→ Judaeo-Christian
römisch-griechisch	→ Graeco-Roman
politisch-kommerziell	→ politico-commercial
räumlich-zeitlich	→ spatio-temporal

B (see page 36)

The following is a list of those German adverbs which are often best translated by an English verb or tense. The conventional 'solution' is given on the right:

andauernd	→ forever/always + '-ing'-form
anscheinend	→ to seem to + inf.
bestimmt	→ to be bound to + inf.
eher	→ to be likely to/to tend to + inf.
früher	→ the 'used to' form
gern	→ to like to + inf.
hoffentlich	→ I hope/ we hope etc.
immer wieder	→ forever/always + '-ing'-form
inzwischen	→ has come to be or: present perfect
leicht	→ to tend to + inf.
lieber	→ to prefer to + inf.
mittlerweile	→ has come to be or: present perfect
nach wie vor	→ to remain; to continue to + inf.
nicht	→ to fail to + inf.
nicht mehr	→ to cease/have ceased to + inf.
vermutlich	→ I suppose, one supposes etc.
vielleicht	→ could
voraussichtlich	→ to be likely to, liable to + inf.
wahrscheinlich	→ to be likely to, liable to + inf.
weiter	→ to continue to + inf.
weiterhin	→ to continue to + inf.
weitgehend	→ to go a long way towards + '-ing'
wohl	→ I suppose, I reckon etc.
zufällig	→ to happen to, chance to + inf.

Appendices 167

Literatur

Die in den letzten Jahrzehnten vollzogene Ausformung der Translationswissenschaft zur selbstständigen Disziplin hat eine Fülle an wegweisenden Monographien und Sammelbänden mit sich gebracht. Als weiterführende Lektüre werden folgende Werke besonders empfohlen. Die beiden erstgenannten Bände enthalten ausführliche Bibliographien.

Lexika der Translationswissenschaft

BAKER, Mona, Hrsg.: *Routledge Encyclopaedia of Translation Studies.* London: Routledge 1998.
SNELL-HORNBY, Mary, HÖNIG, Hans, KUSSMAUL, Paul, SCHMITT, Peter A. Hrsg.: *Handbuch Translation.* Tübingen: Stauffenburg 1996.

Übersetzungstheorie: Haupttexte in Sammelbänden

STÖRIG, Hans Joachim. Hrsg.: *Das Problem des Übersetzens.* Darmstadt: Wiss. Buchgesellschaft 1963/69.
LEFEVERE, André: *Translation/History/Culture. A Sourcebook.* London: Routledge 1992.
SCHULTE, Rainer, BIGUENET, John, Hrsg.: *Theories of Translation: An Anthology of Essays from Dryden to Derrida.* Chicago: University of Chicago Press 1985/92.
STEINER, T. R. Hrsg.: *English Translation Theory 1650–1800.* Assen: van Gorcum 1975.

Klassiker in leicht zugänglichen Ausgaben

BENJAMIN, Walter: „Die Aufgabe des Übersetzers". In: *Illuminationen.* Frankfurt/M.: Suhrkamp 1988; in: *Sprache und Geschichte. Philosophische Essays.* Stuttgart: Reclam 1992; Störig, S. 182–95.
LUTHER, Martin: *Sendbrief vom Dolmetschen.* In: *An den christlichen Adel deutscher Nation/ Von der Freiheit des Christenmenschen/Sendbrief vom Dolmetschen.* Stuttgart: Reclam 1962.
ORTEGA Y GASSET, José. *Glanz und Elend der Übersetzung.* In: José Ortega y Gasset: *Gesammelte Werke in 6 Bänden. Bd. IV.* Übersetzt von Gustav Kilpper. Stuttgart: DVA 1978. S. 126–151.
SCHLEIERMACHER, Friedrich: „Über die verschiedenen Methoden des Übersetzens". In: Störig, S. 38–70.
TYTLER, Alexander. *Essay on the Principles of Translation.* In: Lefevere.

Klassische Monographien

MOUNIN, Georges: *Les belles infidèles.* Lille: Presses Universitaires de Lille 1955/1994.
MOUNIN, Georges: *Les problèmes théoriques de la traduction.* Paris: Gallimard 1963.
NEWMARK, Peter: *Approaches to Translation.* Oxford: Pergamon Press 1982.
NIDA, Eugene A.: *Language Structure and Translation.* Selected and introduced by Anwar S. Dil. Stanford: Stanford University Press 1975.
SAVORY, T. H.: *The Art of Translation.* London: Cape 1957.
STEINER, George: *After Babel. Aspects of Language and Translation.* Oxford: Oxford University Press 1975/1992.
TOURY, Gideon: *In Search of a Theory of Translation.* Tel Aviv: Porter Institute 1980.

Wegweisende Sammelbände

ARROWSMITH, William, SHATTOCK, Roger, Hrsg.: *The Craft and Context of Translation.* New York: Anchor Books 1964.
BEYER, Manfred, DILLER, Hans-Jürgen et al. Hrsg.: *Realities of Translating (= anglistik und englischunterricht 55/56).* Heidelberg: C. Winter 1995.
BROWER, R. A. Hrsg.: *On Translation.* New York 1966.
FLEISCHMANN, Eberhard, KUTZ, Wladimir, SCHMITT, Peter A. Hrsg.: *Translationsdidaktik. Grundfragen der Übersetzungswissenschaft.* Tübingen: Gunter Narr 1997.
FORSTER, Leonard, Hrsg.: *Aspects of Translation.* London: Secker and Warburg 1958.
SNELL-HORNBY, Mary Hrsg.: *Übersetzungswissenschaft: Eine Neuorientierung.* Tübingen: Gunter Narr 1986.

SNELL-HORNBY, Mary, PÖCHHACKER, Franz, KAINDL, K. Hrsg.: *Translation Studies: An Interdiscipline*. Amsterdam: John Benjamins 1994.
WILSS, Wolfram Hrsg.: *Übersetzungswissenschaft*. Darmstadt: Wiss. Buchgesellschaft 1981.
WILLS, Wolfram, THOME, Gisela, Hrsg.: *Translation Theory and Its Implementation in the Teaching of Translating and Interpreting*. Tübingen: Gunter Narr 1984.

Einführungen in die Disziplin

BASSNETT-MCGUIRE, Susan: *Translation Studies*. London: Routledge 1980/1991.
BAKER, Mona: *In Other Words: A Coursebook on Translation*. London: Routledge 1992.
KOLLER, Werner: *Einführung in die Übersetzungswissenschaft*. Heidelberg: Quelle und Meyer 1979/1992.
SNELL-HORNBY, Mary: *Translation Studies: An Integrated Approach*. Amsterdam: John Benjamins 1988.

Linguistische Aspekte

ALBRECHT, Jörn: *Linguistik und Übersetzung*. Tübingen: Niemeyer 1973.
CATFORD, J. C.: *A Linguistic Theory of Translation: An Essay in Applied Linguistics*. Oxford: OUP 1965/80.
HATIM, Basil: *Communication Across Cultures: Translation Theory and Contrastive Text Linguistics*. Exeter: Exeter University Press 1997.

Praxis des Übersetzens ins Englische

FRIEDERICH, Wolf: *Technik des Übersetzens*. 4. Auflage München: Hueber 1996.
HERVEY, Sándor, HIGGINS, Ian, LOUGHRIDGE, Michael: *Thinking German Translation. A Course in Translation Method: German to English*. London: Routledge 1995.

Zum Übersetzen aus der Sicht des Praktikers

DEDECIUS, Karl: *Vom Übersetzen. Theorie und Praxis*. Frankfurt am Main: Suhrkamp 1986.
MACHEINER, Judith: *Übersetzen. Ein Vademecum*. Frankfurt am Main: Eichborn Verlag 1995.
NEWMARK, Peter: *Approaches to Translation*. Oxford: Pergamon 1981.

Geschichte des Übersetzens

VENUTI, Lawrence: *The Translator's Invisibility: A History of Translation*. London: Routledge 1995.

Übersetzen als Beruf

FINLAY, Ian: *Translating*. Edinburgh: English Universities Press 1971.
ROBINSON, Douglas: *Becoming a Translator: An Accelerated Course*. London: Routledge 1997.

Literarische Übersetzung

DAVIE, Donald: *Poetry in Translation*. Milton Keynes: Open University Press 1975.
KITTEL, Harald: *Die literarische Übersetzung: Stand und Perspektiven ihrer Erforschung*. Berlin: Erich Schmidt 1988.
LEFEVERE, André: *Translating Poetry: Seven Strategies and a Blueprint*. Assen: van Gorcum 1975.

Philosophische u. kulturwissenschaftliche Streifzüge

GADAMER, Hans-Georg: „Lesen ist wie Übersetzen". In: *Gesammelte Werke VIII, Ästhetik und Poetik I*. Tübingen: Mohr Siebeck 1993, S. 279–285.
PAZ, Octavio: *Lektüre und Kontemplation*. Aus dem Spanischen von Thomas Brovot. Frankfurt/M.: Suhrkamp 1991.
SLOTERDIJK, Peter: *Medien-Zeit: Drei gegenwartsdiagnostische Versuche*. Stuttgart 1993.

Quellen

BAUM, Gerhard: „Was Frieden für mich bedeutet". Aus: Filmer, Werner, Schwan, Heribert. Hrsg.: *Was heißt für mich Frieden? Auch ein deutsches Lesebuch.* Oldenburg: Stalling 1982.

BODE, Thilo: „Großbritanniens Demokratisierung". Aus: *Frankfurter Allgemeine Zeitung* vom 12. 3. 1991.

GERNHARDT, Robert: „Abgeklärter Dichter": Aus: *Reim und Zeit. Gedichte.* Zürich: Haffmanns.

GRASS, Günter: „Rede über den Standort". Aus: *Rede über den Standort.* Göttingen: © Steidl Verlag 1997.

GRONEMEYER, Marianne: „Fortbewegung ohne Fortbewegung". Aus: *Das Leben als letzte Gelegenheit. Sicherheitsbedürfnisse und Zeitknappheit.* Darmstadt: Wiss. Buchgesellschaft 1996. S. 117–118.

HEIDENREICH, Elke: „Wahnsinn!". Aus: Elke Heidenreich/Brigitte/Picture Press.

JOHNSON, Dominic: „Trauer um die Märchenprinzessin". Aus: *taz* vom 1. 9. 1998

KÄSTNER, Erich: „Aufforderung zur Bescheidenheit", „Kalenderspruch", „Moderne Kunstausstellung". In: *Erich Kästners Lyrische Hausapotheke.* Atrium Verlag AG, Zürich.

KEMPER, Peter: „‚Postmoderne' oder der Kampf um die Zukunft". Aus: *‚Postmoderne' oder der Kampf um die Zukunft.* Frankfurt/M.: © Fischer Taschenbuchverlag GmbH, 1988. S. 7–8.

KRATZ, Wilfried: „Auf Leben und Tod". Aus: *Die Zeit* vom 10. 06. 1995.

KRÖNIG, Jürgen: „Die Briten bleiben mit Blair auf Reformkurs". Aus: *Die Zeit* vom 19. 9. 1997.

LAFONTAINE, Oskar: „Ein ökotechnisches Naturverhältnis ist geboten". Aus: *Die Gesellschaft der Zukunft. Reformpolitik in einer veränderten Welt.* Hamburg: Hoffmann und Campe 1988. S. 68–71.

LEHNERT, Gertrud: „Mit dem Handy in der Peepshow". Aus: *Mit dem Handy in der Peepshow. Die Inszenierung des Privaten im*

öffentlichen Raum. Berlin: Aufbau-Verlag 1999. S. 55–7.

LUYKEN, Reiner: „Schotten, erhebt euch!". Aus: *Die Zeit*, vom 7. 2. 1992.

NIEßEN, Irene: „Roddy Doyle: Ein Dichter aus Irland": Aus: *Fischer-Lesezeichen* 1/2000. S. 5–7.

OHFF, Heinz: „I like Fremdwörter". Aus: *Der Reiz der Wörter: Eine Anthologie zum 150jährigen Bestehen des Reclam-Verlages.* Stuttgart: Reclam 1978. S. 181–183.

PFÜRTNER, Stephan: „Fundamentalismus". Aus: *Fundamentalismus. Die Flucht ins Radikale.* Herder Verlag/Spektrum, Bd. 4031, Freiburg 1991. S. 47–49.

V. RADZIEWSKY, Elke: „Ein Bildhauer aus England ...". Aus: *Die Zeit* vom 22. 10. 1993.

RILKE, Rainer Maria: „Herbsttag". Insel Verlag, Frankfurt/M.

SCHLAFFER, Hannelore: „Die Schauergeschichte". Aus: *Poetik der Novelle.* Metzlersche Verlagsbuchhandlung und Carl Ernst Poeschel Verlag GmbH in Stuttgart. S. 207–209.

SCHMIDT, Holger: „Die Geschichte von Microsoft". Aus: *Frankfurter Allgemeine Zeitung* vom 15. Januar 2000

SCHRÖDER, Hans-Christoph: „Die imperiale Dimension ...". Aus: *Englische Geschichte.* München: Verlag C. H. Beck 1995. S. 78–79.

SEGHERS, Anna: „Der Führerschein": Aus: *Fünf Erzählungen.* Berlin: Aufbau-Verlag.

SIEBECK, Wolfram: „Wie der Ochs vorm Berge". Aus: Stern © Wolfram Siebeck, Mahlberg, Nr. 7 vom 06. 02. 1975.

SWOBODA, Helmut: „Hat die Zukunft eine Zukunft?". Aus: *Hat die Zukunft eine Zukunft? Vom Wachstum in einer endlichen Welt.* Osnabrück: Verlag A. Fromm 1972. S. 53–54.

SZONDI, Peter: „Theorie des modernen Dramas". Aus: *Theorie des modernen Dramas.* © Suhrkamp Verlag Frankfurt/M. 1955/59.

WIDMER, Urs: „Über das Lesen". Aus: *Bücherpick. Das aktuelle Buchmagazin* 1983, Nr. 4. © Urs Widmer, Zürich.